高职高专财务会计类专业精品规划教材

成本会计实务同步实训

于海琳 ■ 主 编
沈 洁 章 翔 ■ 副主编

清华大学出版社
北 京

内容简介

本书是为高职高专会计专业核心课程“成本会计实务”同步教学设计的，全书体现渐进教学的理念，以利于学生学与教师教。全书共分11个实训项目和3个综合能力测试，实训项目第一部分的基础知识，便于教师设计教案以及学生对知识的学习与掌握。为了检测学生对本课程的整体掌握情况，特别设计了综合能力测试部分。学好本书可以使学生掌握扎实的成本会计核算与管理的基本方法，为学生顺利进行真实成本业务核算奠定坚实的理论基础，最终为从事成本会计工作打下良好的专业功底。

本书封面贴有清华大学出版社防伪标签，无标签者不得销售。
版权所有，侵权必究。侵权举报电话：010-62782989 13701121933

图书在版编目(CIP)数据

成本会计实务同步实训/于海琳主编. --北京：清华大学出版社，2014
高职高专财务会计类专业精品规划教材
ISBN 978-7-302-34304-2

Ⅰ.①成… Ⅱ.①于… Ⅲ.①成本会计－会计实务－高等职业教育－教材 Ⅳ.①F234.2

中国版本图书馆CIP数据核字(2013)第253126号

责任编辑：左卫霞
封面设计：于晓丽
责任校对：袁 芳
责任印制：沈 露

出版发行：清华大学出版社
网 址：http://www.tup.com.cn，http://www.wqbook.com
地 址：北京清华大学学研大厦A座 邮 编：100084
社 总 机：010-62770175 邮 购：010-62786544
投稿与读者服务：010-62776969，c-service@tup.tsinghua.edu.cn
质 量 反 馈：010-62772015，zhiliang@tup.tsinghua.edu.cn
课 件 下 载：http://www.tup.com.cn，010-62795764
印 装 者：三河市李旗庄少明印装厂
经 销：全国新华书店
开 本：185mm×260mm 印 张：6.25 字 数：151千字
版 次：2014年1月第1版 印 次：2014年1月第1次印刷
印 数：1～3000
定 价：15.00元

产品编号：056465-01

前　言

“成本会计实务”是高职高专院校会计专业的核心课程，这门课程既需要学生有较强的实际操作能力，又需要学生有深厚的基本理论功底。为使学生牢固掌握成本会计核算与管理的基本方法，熟练使用成本分析方法解决实际问题，奠定坚实的理论及实践基础，为今后从事成本会计工作做好准备，我们编写了本书。本书是“成本会计实务”课程的同步配套实训用书，可与其同步使用，非常适合用做教学的配套辅助材料。

本书的撰写遵循理论联系实际的原则，在对企业成本会计业务内容进行大量调研的基础上编写而成，符合企业成本核算实务对理论的需求。本实训教材内容系统、完整，可操作性强，符合生产实际，并紧跟会计发展。具体来讲，有以下几方面的特色。

1. 内容注重实用性

本教材在遵循理论知识和实际操作能力同步发展原则的基础上，注重典型性，即教材内容选取企业经常发生的成本核算业务，对于多数企业不常使用的方法，如辅助成本核算方法中的定额成本法不作介绍。

2. 教材编排形式简单明了

为提升学习兴趣，提高学习效率，本书体例简单明了，对核算业务涉及的必备基础知识进行了精练的归纳总结，重要内容给予了必要的提示，部分内容采用表和图的形式加以表现，通俗易懂，条理清晰。

3. 教材适用广泛

本书的编写兼顾了会计职称考试及注册会计师考试有关成本会计部分的考核要求，既可以作为高职高专、成人高校以及民办高校会计专业和经济管理类专业成本会计课程同步实训教学用书，也可以作为读者在准备会计职称考试和注册会计师考试过程中有关成本会计内容的复习用书，还可以作为成本会计岗位工作人员及企业管理人员的学习用书。

本书包括11个实训项目，分别为：材料费用的核算、职工薪酬的核算、辅助生产费用的核算、制造费用的核算、生产损失的核算、生产费用在完工产品与在产品间分配、品种法、分批法、分步法、分类法、成本报表的编制与成本分析；本书还包括3个综合能力测试。实训项目的基础知识部分便于教师设计教案，也有利于学生对知识的学习与掌握。为了检测学生对本课程的整体掌握情况，特别设计了综合能力测试部分，本部分内容以附录形式呈现。本书的参考答案可以到清华大学出版社网站 www. tup. com. cn 下载。

本书由于海琳担任主编，沈洁、章翔担任副主编。具体编写分工如下：实训项目一至实训项目十一基础知识归纳部分及实训项目八至实训项目十一实训项目设计部分由于海琳编写，实训项目一至实训项目七实训项目设计部分由沈洁编写，附录综合能力测试由章翔编写。于海琳负责全书的修改、补充和最后的统稿。全书由李传双教授主审。

在本书的撰写过程中，得到了清华大学出版社的大力支持和帮助以及很多企业和行业专家的热情指导，同时参考了有关专家、学者编写的教材和专著，从中得到了很多的帮助，在此表示衷心的感谢！

由于编者水平有限，如有疏漏、差错和不当之处，敬请读者批评、指正，以便今后修订完善。

编　者

2013年8月

目　　录

实训项目一　材料费用的核算

第一部分　基础知识归纳

一、直接材料费用的内容

直接材料费用是指在生产过程中为制造产品而耗用的、构成产品实体或有助于产品形成的各种材料消耗的费用。直接材料费用包括:产品制造过程中耗用的各种原料、主要材料、辅助材料、外购零部件、自制半成品、修理用备件、燃料、低值易耗品和包装物等。

二、直接材料费用的归集

(一) 编制“发出材料汇总表”

根据“领料单”编制“发出材料汇总表”,将所发生的费用计入产品成本或有关费用中。

(二) 材料发出的计价

1. 实际成本计价

实际成本计价即按材料的外购成本或自制成本计价,发出材料的方法有:先进先出法、加权平均法和个别计价法。适用于:材料品种少,每月收料次数不多的企业。

2. 计划成本计价

计划成本计价是指平时先按预先制定的计划单位成本计价,月末计算材料成本差异率,以确定发出材料应分担的成本差异,将发出材料的计划成本调整为实际成本的一种方法。计算过程:

$$\text{本月材料成本差异率}=\frac{\text{月初结存材料的成本差异}+\text{本月收入材料的成本差异}}{\text{月初结存材料的计划成本}+\text{本月收入材料的计划成本}}$$

$$\begin{array}{c}\text{本月发出材料应}\\\text{负担的成本差异}\end{array}=\begin{array}{c}\text{本月发出材料}\\\text{的计划成本}\end{array}\times\begin{array}{c}\text{本月材料成本差异率}\\\text{本月发出材料的实际成本}\end{array}$$

$$=\begin{array}{c}\text{本月发出材料的}\\\text{计划成本}\end{array}+\begin{array}{c}\text{本月发出材料应负担}\\\text{的成本差异}\end{array}$$

提示:材料成本差异计算结果若为正数,表示的是超支差;若为负数,表示的是节约差。

三、直接材料费用的分配

1. 确定原材料费用的分配对象(按用途、部门和收益对象来分配)

(1) 用于基本车间产品生产的记入“生产成本——基本生产成本”账户(具体产品负担

的)。

(2) 用于辅助生产的记入"生产成本——辅助生产成本"账户(辅助产品或劳务负担的)。

(3) 用于维护设备一般耗用的先归集到"制造费用"账户,再分配到"生产成本——基本生产成本"账户或"生产成本——辅助生产成本"账户。

(4) 用于行政部门的计入管理费用;用于销售部门的计入销售费用。

(5) 用于购置和建造固定资产、其他资产方面的材料费用,则不得列入产品成本,也不得列入期间费用。

2. 直接材料费用分配的方法

(1) 能够明确哪种产品耗用的直接计入该种产品成本。

(2) 几种产品共同耗用的采用适当的方法分配。分配方法有定额消耗量比例法和定额成本比例法。

① 定额消耗量比例法,即以原材料定额消耗量为分配标准进行原材料费用分配的方法。

某种产品原材料定额耗用量=该种产品实际产量×单位产品材料消耗定额

$$共同耗用分配率=\frac{共同耗用材料总额}{各种产品材料定额消耗量之和}$$

某产品应分配的原材料费用=该产品材料定额消耗量×共同耗用分配率

② 定额成本比例法,即以原材料定额成本为分配标准进行原材料费用分配的方法。

某种产品材料定额成本=该种产品实际产量×单位产品材料消耗定额×材料计划单价

$$共同耗用原材料费用分配率=\frac{所耗材料实际费用}{各种产品材料定额成本之和}$$

某产品应分配的原材料费用=该种产品材料定额成本×共同耗用原材料费用分配率

第二部分　实训项目设计

一、能力目标

通过本项目,能够熟练掌握产品原材料费用归集和分配的基本原理,达到提升实践操作能力的目标。

二、任务描述

根据资料,按照定额消耗量比例法、定额成本比例法的基本原理,独立进行材料费用的归集和分配。

三、项目训练

(一) 定额消耗量比例法实训

资料:某企业201×年7月生产甲、乙两种产品,甲产品为600件,单件产品C材料消耗定额为 10 千克;乙产品的实际产量为 500 件,单件产品 C 材料消耗定额为 8 千克。原材料领用汇总表如表 1-1 所示。

表 1-1 原材料领用汇总表

201×年 7 月 30 日 金额单位:元

领料部门	用途	材料品种	数量/吨	单价	金额
基本生产车间	甲产品直接耗用	A 材料	8	30 000	240 000
	乙产品直接耗用	B 材料	10	3 000	30 000
	甲、乙产品共同耗用	C 材料	10	2 000	20 000
	一般耗用	D 材料	20	600	12 000
辅助生产车间		A 材料	1.2	30 000	36 000
合计					338 000

要求:分配材料费用并运用定额消耗量比例法分配计算甲、乙产品共同耗用的原材料费用。

实训成果

(1) 运用定额消耗量比例法计算甲、乙产品共同耗用的 C 原材料费用。

(2) 编制材料费用分配汇总表,如表 1-2 所示。

表 1-2 材料费用分配汇总表

201×年 7 月 金额单位:元

项目		直接计入材料	分配计入材料			合计
			分配标准/千克	分配率	分配金额	
基本生产车间	甲产品					
	乙产品					
	小计					
	一般耗用					
辅助生产车间						
合计						

(3) 编制本月分配材料费用的会计分录。

(二) 定额成本比例法实训

资料:某企业 201×年 7 月生产丙、丁两种产品,两种产品共同耗用 C 材料 24 000 元,其中丙产品为 400 件，单件产品费用定额为 7 元；丁产品的实际产量为 800 件，单件产品费用定额为 4 元。原材料领用汇总表如表 1-3 所示。

表 1-3　　原材料领用汇总表

201×年 7 月 30 日　　金额单位：元

领料部门	用　途	材料品种	数量/吨	单　价	金　额
基本生产车间	丙产品直接耗用	A 材料	8	30 000	240 000
	丁产品直接耗用	B 材料	10	3 000	30 000
	丙、丁产品共同耗用	C 材料	12	2 000	24 000
	一般耗用	D 材料	10	600	6000
销售部门		A 材料	0.5	30 000	15 000
合　计					315 000

要求：分配材料费用并运用定额成本比例法分配计算丙、丁产品共同耗用的原材料费用。

实训成果

（1）运用定额成本比例法分配计算丙、丁产品共同耗用的 C 原材料费用。

（2）编制材料费用分配汇总表，如表 1-4 所示。

表 1-4　　材料费用分配汇总表

201×年 7 月　　金额单位：元

项　目		直接计入材料	分配计入材料			合　计
			分配标准/元	分配率	分配金额	
基本生产车间	丙产品					
	丁产品					
	小　计					
	一般耗用					
销售部门						
合　计						

（3）编制本月分配材料费用的会计分录。

实训成绩：　　年　月　日

实训项目二　职工薪酬的核算

第一部分　基础知识归纳

一、职工薪酬的内容

职工薪酬是指企业为获得职工提供的服务而给予各种形式的报酬以及其他相关支出。

职工薪酬包括：①职工工资、奖金、津贴和补贴；②职工福利费；③医疗保险费、养老保险费、失业保险费、工伤保险费和生育保险费等社会保险费；④住房公积金；⑤工会经费和职工教育经费；⑥非货币性福利；⑦因解除与职工的劳动关系给予的补偿；⑧其他与获得职工提供的服务相关的支出。

二、职工薪酬的核算

工资制度一般分为“计时工资制”和“计件工资制”。

1. 计时工资的计算

(1) 扣缺勤法。

$$\begin{aligned}\text{应付计时工资} &= \text{月标准工资} - \text{缺勤天数} \times \text{日工资率(每日平均工资)} \\ &\quad - \text{病假天数} \times \text{日工资率} \times (1 - \text{病假工资发放率})\end{aligned}$$

(2) 出勤法。

$$\begin{aligned}\text{应付计时工资} &= \text{出勤天数} \times \text{日工资率} + \text{病假天数} \\ &\quad \times \text{日工资率} \times \text{病假工资发放率}\end{aligned}$$

日工资率是职工每日应得平均工资，一般有以下两种计算方法。

① 每月按 30 天计算日工资率。按全年平均每月日历天数 30 天计算为：

$$\text{日工资率} = \frac{\text{月标准工资}}{30}$$

依照这种方法，法定节假日照付工资，如缺勤时间跨越厂休日、法定节假日，视为缺勤，照扣工资。

② 每月按 21.75 天计算日工资率。按全年平均每月法定工作天数 21.75 天计算为：

$$\text{日工资率} = \frac{\text{月标准工资}}{21.75}$$

按照《劳动法》第五十一条的规定，法定节假日用人单位应当依法支付工资，即折算日工资、小时工资时不剔除国家规定的 11 天法定节假日。据此，日工资、小时工资的折算为：

$$\text{日工资} = \frac{\text{月工资收入}}{\text{月计薪天数}}$$

$$小时工资=\frac{月工资收入}{月计薪天数\times 8小时}$$

$$月计薪天数=\frac{365天-104天}{12}=21.75天$$

依照这种方法，法定节假日不付工资，如缺勤时间跨越厂休日、法定节假日，不扣工资。

病假扣款率应按国家劳动保险条例规定，病假在6个月以内的应按工龄长短分别计算，其支付标准见表2-1。

表2-1　　病假工资支付标准

工　龄	小于2年	2～4年	4～6年	6～8年	8年以上
病假工资占本人标准工资的百分比/%	60	70	80	90	100

职工因公受伤，在医疗期间内，其基本工资按100%发放。

2. 计件工资的计算

（1）个人计件工资的计算。

$$应付计件工资=\sum 月内每种产品的产量\times 该种产品的计价单价$$

$$或应付计件工资=\sum(月内每种产品的产量\times 该种产品的工时等额)\times 该工人的小时工资率$$

提示： 计件工资制度下的每种产品的产量包括“合格品产量+料废品产量(不是由于工人的过失造成的不合格品产量)”。

（2）集体计件工资的计算。其计算方法与个人计件工资相同，不同之处是：集体计件工资还要在集体内部各工人之间按照贡献大小进行分配。分配方法如下：

① 按计件工资或计时工资的比例分配。该方法适用于等级差别较大的情况。

② 按实际工作天数计算。该方法适用于等级差别不大的情况。

三、职工薪酬的归集和分配

计入产品成本的职工薪酬应按成本项目归集：凡属生产车间直接从事产品生产人员的职工薪酬计入产品成本的“直接人工费”项目；企业各生产车间为组织和管理生产所发生的管理人员的职工薪酬计入“制造费用”项目；企业行政管理人员的职工薪酬，作为期间费用列入“管理费用”科目。

提示： 职工薪酬的分配，要划清计入产品成本与期间费用和不计入产品成本与期间费用的界限。例如，有些职工薪酬应计入固定资产或无形资产成本(即资本化，而非费用化)。

（一）直接从事产品生产人员的职工工资计入产品成本的方法

由于工资制度不同，生产工人工资计入产品成本的方法也不同。

1. 计时工资制度形式下

（1）生产部门只生产一种产品，生产人员工资属于直接费用，可直接计入该种产品成本。

（2）如果生产多种产品，这就要求采用一定的分配方法在各种产品之间进行分配，通常采用按产品实用工时比例分配的方法。其计算公式如下：

$$生产工资费用分配率=\frac{各种产品生产工资总额}{各种产品实际生产工时之和}$$

某种产品应分配的工资费用=该种产品实际生产工时×生产工资费用分配率

提示：

(1) 如果取得各种产品实际生产工时的数据比较困难，而各种产品的单件工时定额比较准确，也可按产品定额工时比例分配职工薪酬。

(2) 按实用工时比例分配工资费用时，需要注意从工时上划清应计入与不应计入产品成本的工资费用界限。如生产工人为安装固定资产服务了，那么这部分生产工时应该划分出来，所分配的费用应计入固定资产的价值，不得计入产品成本。

(3) 按照规定工资总额的一定比例从产品成本中计提的职工福利费、社会保险、住房公积金、工会经费和职工教育经费可与工资费用一起分配。

2. 计件工资制度下

生产工人工资通常是根据产量凭证计算工资并直接计入产品成本。

(二) 工资费用分配的账务处理

为了按工资的用途和发生地点归集并分配工资及计提的其他职工薪酬，月末应分生产部门根据工资结算单和有关的生产工时记录编制"工资费用分配表"，然后汇编"工资及其他职工薪酬分配汇总表"，根据"工资及其他职工薪酬分配汇总表"进行相应的账务处理。

借：生产成本——基本生产成本
　　生产成本——辅助生产成本
　　制造费用
　　管理费用
　　销售费用(等)
　　贷：应付职工薪酬——工资
　　　　　　　　　　——职工福利
　　　　　　　　　　——社会保险
　　　　　　　　　　——住房公积金
　　　　　　　　　　——工会经费
　　　　　　　　　　——职工教育经费

提示：企业提取的职工福利费用主要用于职工医药费、医务经费、职工因工负伤赴外地就医路费、职工生活困难补助等。在实际发生这些费用时，应由计提的职工福利费开支，不应再计入成本、费用，以免重复核算。

第二部分　实训项目设计

一、能力目标

通过本项目，能够熟练掌握职工薪酬归集和分配的基本原理，达到提升实践操作能力的目标。

二、任务描述

根据资料，练习职工薪酬计算方法，并按照生产工时比例法的基本原理，独立进行职工薪酬的归集和分配。

三、项目训练

（一）计时工资实训

资料：某企业病假扣除率应按国家劳动保险条例规定计算，病假在 6 个月以内的工资应按工龄长短分别计算，其支付标准见表 2-2。

表 2-2　　病假工资扣除率

工　　龄	小于 2 年	2～4 年	4～6 年	6～8 年	8 年以上
病假工资占本人标准工资的百分比/%	60	70	80	90	100

职工因公受伤，在医疗期间内，按基本工资级别 100%发放。大华公司某工人的月工资标准为 1 260 元。7 月 31 天，病假 3 天(非因公受伤)，事假 4 天，周末休假 8 天，出勤 16 天，根据该工人的工龄，其病假工资按工资标准的 90%计算。该工人病事假期间没有节假日。

要求：根据资料，分别按月 30 天月薪制、月 30 天日薪制、月 21.75 天月薪制、月 21.75 天日薪制计算该工人本月应得工资(单位保留 0.01)。

实训成果

按不同方式计算工人本月应得工资，如表 2-3 所示。

表 2-3　　按不同方式计算工人本月应得工资

金额单位：元

项　　目	日工资率/(月工资标准/天数)	本月应得工资
按月 30 天月薪制		
按月 30 天日薪制		
按月 21.75 天月薪制		
按月 21.75 天日薪制		

（二）计件工资实训

1. 个人计件工资的计算

资料：甲、乙两种产品都应由 8 级工人加工。甲产品单件工时定额为 20 分钟，乙产品单件工时定额为 40 分钟。8 级工人的小时工资率为 25 元。某 8 级工人加工甲产品 360 件，乙产品 150 件。

要求：根据资料，计算该工人本月应得工资。

实训成果

按个人计件方式计算工人本月应得工资。

---

2. 集体计件工资的计算

资料：集体计件工资在集体内部各工人之间进行分配，以每个人的工资标准和工作日数的乘积为分配标准进行分配。某生产小组集体完成某产品的生产，按一般计件工资的计算方法算出并取得集体工资 5 752 元。该小组由 3 名不同等级的工人组成，每个人的姓名、等级、日工资率和出勤天数见表 2-4。

表 2-4　　职工出勤情况表

工人姓名	等级	日工资率/元	出勤天数/天
张红	6	25	24
王华	5	20	23
李明	4	18	21
合　计	—	—	68

实训成果

按集体计件方式计算工人本月应得工资，如表 2-5 所示。

表 2-5　　班组应付工资结算表

金额单位：元

工人姓名	日工资率	出勤天数	分配标准	分配率	分配额
张红					
王华					
李明					
合　计	—	—			

（三）生产工时比例法分配人工费用实训

资料一：某企业生产 101＃、102＃两种产品，201×年 10 月共发生工资费用 74 500 元，其中生产工人工资 54 000 元，车间管理人员工资 6 500 元，行政管理人员工资 9 000 元，辅助生产车间工人工资 5 000 元。生产 101＃、102＃两种产品的生产工时分别为 2 200 小时和 2 300小时。

资料二：该企业按当地政府的规定，公司分别按职工工资总额的 8%、10%、2%和 10%计提医疗保险费、养老保险费、失业保险费和住房公积金，缴纳给当地的社会保险经办机构和住房公积金经办机构。另按工资总额的 2%和 1.5%分别计提了工会经费和职工教育经费。当月还向 101＃产品生产工人发放生活困难补助3 000元，向 102＃产品生产工人发放生活困难补助 2 000 元。

要求：按照生产工时比例法分配生产工人工资费用，编制“职工薪酬（工资）分配表”与

"职工薪酬(职工福利费)分配表",并作出会计分录。

实训成果

(1) 编制职工薪酬(工资)分配表,如表2-6所示。

表2-6 职工薪酬(工资)分配表

201×年10月31日　　金额单位:元

应借账户		生产工时/小时	分配率/(元/小时)	应分配工资
生产成本——基本生产成本	101#			
	102#			
	小计			
生产成本——辅助生产成本				
制造费用	基本车间			
管理费用				
合　计				

(2) 编制职工薪酬(职工福利费)分配表,如表2-7所示。

表2-7 职工薪酬(职工福利费)分配表

201×年10月31日　　金额单位:元

应借账户		工资费用	社会保险费	住房公积金	职工福利	工会及教育费	福利合计	职工薪酬合计
生产成本——基本生产成本	101#							
	102#							
	小计							
生产成本——辅助生产成本								
制造费用	基本车间							
管理费用								
合　计								

(3) 编制本月分配职工薪酬的会计分录。

实训成绩:　　　　年　月　日

实训项目三　辅助生产费用的核算

第一部分　基础知识归纳

一、辅助生产部门的特点

辅助生产车间或部门是为基本生产和企业经营管理提供产品生产或劳务供应的，包括两种类型：①只生产一种产品或提供一种劳务，如供电、供水、供气、供风、运输等辅助生产部门；②生产多种产品或提供多种劳务，如从事工具、模具、修理用备件的制造，以及机器设备的修理等辅助生产。

二、辅助生产费用的内容

辅助生产费用包括：①生产产品或提供劳务发生的各项费用，如直接材料、直接人工、制造费用等；②从其他辅助生产车间分配进来的费用。

三、辅助生产费用的归集

按不同的车间或部门按成本计算对象设置"生产成本——辅助生产成本"明细账，归集发生的费用。

生产成本——辅助生产成本	
归集发生的料、工、费	分配转出数
辅助生产的在产品成本	

提示：对于核算辅助生产成本时是否要设置"制造费用——辅助生产车间"账户，可由企业根据实际情况自定。如企业不设置"制造费用——辅助生产车间"账户，辅助车间发生的全部费用均记入"生产成本——辅助生产成本"明细账。

四、辅助生产费用的分配

辅助生产费用的分配应通过辅助生产费用分配表进行。辅助生产费用的分配方法很多，通常采用直接分配法、交互分配法、顺序分配法、计划成本分配法和代数分配法等。

（一）直接分配法

概念：直接分配法是指将各辅助生产车间发生的各项费用，直接分配给辅助生产车间以外的各受益对象的方法。

特点：不考虑各辅助生产车间之间相互提供劳务或产品的情况，而是将各种辅助生产费用直接分配给辅助生产以外的各受益单位。

分配计算公式如下：

$$\text{某辅助车间的费用分配率(单位成本)}=\frac{\text{辅助生产费用总额}}{\text{辅助生产的产品或劳务总量}-\text{为其他辅助车间提供的劳务量}}$$

$$\text{某受益车间、产品或各部门应分配的费用}=\text{辅助生产费用分配率}\times\text{某车间、产品或部门的耗用量}$$

提示：在计算费用分配率时，应剔除辅助生产单位相互提供的产品和劳务数量。

优点：采用此方法，各辅助生产费用只进行对外分配，分配一次，计算简单。

缺点：具有一定的假定性，即假定辅助生产车间之间相互提供产品或劳务不分配费用，计算的结果不准确。

适用：辅助生产内部相互提供产品和劳务不多的企业。

（二）交互分配法

概念：交互分配法是指先将辅助生产车间的费用在辅助生产车间之间进行交互分配，再将辅助生产车间交互分配前的费用加上交互分配转入的费用减去交互分配转出的费用的数额分配给辅助生产车间以外的各受益对象的一种分配方法。

特点：将辅助生产费用进行二次分配。考虑辅助生产车间与辅助生产车间之间相互提供产品或劳务的情况。"先交互分配，再对外分配"。

分配计算公式如下。

1. 第一次分配（交互分配）

$$\text{第一次分配率}=\frac{\text{该辅助生产车间分配前直接发生的费用总额}}{\text{该辅助生产车间提供产品或劳务总量}}$$

$$\text{某辅助生产部门应负担的其他辅助生产部门的费用}=\text{该部门的辅助产品或劳务耗用量}\times\text{第一次分配率}$$

2. 第二次分配（对外分配）

待分配的费用＝某辅助生产部门第一次分配前的费用总额－分配转出的费用＋分配转入的费用

$$\text{第二次分配率}=\frac{\text{待分配的费用}}{\text{外部单位耗用劳务总量}}$$

某受益单位应分摊的辅助生产费用＝该部门受益数量×第二次分配率

优点：分配结果较为客观、准确。

缺点：计算工作量较大。

适用：各辅助生产车间之间相互提供劳务较多的企业（但企业辅助生产部门较多则不宜采用此方法）。

（三）顺序分配法

概念：顺序分配法是指将辅助生产车间之间的费用，按受益多少的顺序排列，受益少的排列在前，先将费用分配出去；受益多的排列在后，后将费用分配出去的一种方法。

提示：这里的受益多少是指受益金额多少，而不是指受益产品或劳务数量的多少。

特点：按受益多少的顺序排列，由小到大，费用分配只向后面未分配的辅助车间分，后分配辅助车间的费用不向前面已经分配完的辅助车间分。

$$\text{前面辅助车间的费用分配率}=\frac{\text{该辅助车间生产费用总额}}{\text{该辅助车间本月生产的产品或劳务总量}}$$

$$\text{后面辅助车间的费用分配率}=\frac{\text{该辅助车间费用总额}+\text{其他辅助车间分配转入费用}}{\text{该辅助车间本月生产的产品或劳务总量}-\text{为前面辅助车间提供的劳务量}}$$

优点：各辅助车间只分配一次辅助费用，计算比较简便。

缺点：计算结果不够准确。

适用：辅助生产车间较多、相互耗用劳务金额相差较大的企业。

（四）计划成本分配法

概念：计划成本分配法是指先按照辅助生产车间提供产品或劳务的计划单价和各受益对象的实际耗用量分配辅助生产费用，然后将辅助生产车间实际发生的费用与按计划分配转出的费用之间的差额再分配给辅助生产部门以外各受益单位负担的一种方法。计算过程。

1. 先按计划成本分配

$$\text{某受益单位应分配的辅助费用（含辅助车间）}=\text{该受益单位受益数量}\times\text{计划单位成本}$$

2. 分配成本差异

$$\text{成本差异}=\text{某辅助车间发生的费用}+\text{按计划成本分配转入的费用}-\text{按计划成本分配转出的费用}$$

提示：在实际工作中，为简化核算手续，成本差异可全部列为当月的管理费用。

优点：不用计算分配率，简化了核算的工作量，分配结果最正确。

缺点：如计划单位成本不准确，会影响分配结果的合理性。

适用：适用于计划成本资料完整并较为接近实际成本的企业。

（五）代数分配法

概念：代数分配法是将各辅助生产费用的分配率（或单位成本）设为未知数，根据辅助生产车间的交互服务关系建立联立方程式求解，再按各辅助生产车间为受益单位提供的劳务量分配辅助生产费用的一种方法。

优点：此方法有关费用的分配结果最正确。

缺点：如辅助生产车间较多，未知数也较多，计算工作比较复杂。

适用：已经实现电算化的企业。

第二部分　实训项目设计

一、能力目标

通过本项目，能够熟练掌握辅助生产费用归集和分配的基本原理，达到提升实践操作能力的目标。

二、任务描述

根据资料,按照直接分配法、交互分配法、顺序分配法、计划成本分配法、代数分配法的基本原理独立进行辅助生产费用的归集和分配。

三、项目训练

(一)直接分配法实训

资料:某企业有供电和维修两个辅助生产车间,供电车间的成本按供电度数比例分配,维修车间的成本按维修工时比例分配。该企业201×年3月有关辅助生产成本资料如下:供电车间本月共发生成本30 250元,提供电力5 500千瓦·时;维修车间本月共发生成本80 000元,提供劳务4 000工时。两个辅助生产车间提供劳务及企业各单位受益情况如表3-1所示。

表3-1 **辅助生产车间提供劳务量汇总表**

201×年3月　　金额单位:元

提供劳务的辅助生产车间	劳务计量单位	提供劳务的总量	各受益单位接受劳务量			
			辅助生产车间		基本生产车间	行政管理部门
			供电车间	维修车间		
供电车间	千瓦·时	5 500		500	2 600	2 400
维修车间	工时	4 000	800		2 000	1 200

要求:根据资料,采用直接分配法分配辅助生产成本,并编制“辅助生产费用分配表(直接分配法)”,据以作出会计分录。

实训成果

(1)采用直接分配法编制辅助生产费用分配表,如表3-2所示。

表3-2 **辅助生产费用分配表(直接分配法)**

201×年3月　　金额单位:元

辅助生产车间名称			供电车间	维修车间	金额合计
待分配辅助生产费用					
供应辅助生产以外的劳务数量					
单位成本(分配率)					
受益单位	基本生产车间	受益数量			
		分配金额			
	行政管理部门	受益数量			
		分配金额			
分配金额合计					

(2) 编制本月分配辅助生产费用的会计分录。

(二) 交互分配法实训

资料:沿用直接分配法资料。

要求:根据资料,采用交互分配法分配辅助生产成本,并编制“辅助生产费用分配表(交互分配法)”,据以作出会计分录。(分配率保留到小数点后第二位)

实训成果

(1) 采用交互分配法编制辅助生产费用分配表,如表3-3所示。

表3-3 辅助生产费用分配表(交互分配法)

201×年3月 金额单位:元

<table>
<tr><td colspan="3">分配方向</td><td colspan="2">交互分配</td><td colspan="3">对外分配</td></tr>
<tr><td colspan="3">辅助生产车间名称</td><td>供电</td><td>维修</td><td>供电</td><td>维修</td><td>合计</td></tr>
<tr><td colspan="3">待分配辅助生产费用</td><td></td><td></td><td></td><td></td><td></td></tr>
<tr><td colspan="3">供应的劳务数量</td><td></td><td></td><td></td><td></td><td></td></tr>
<tr><td colspan="3">单位成本(分配率)</td><td></td><td></td><td></td><td></td><td></td></tr>
<tr><td rowspan="4">辅助生产车间</td><td rowspan="2">供电车间</td><td>受益数量</td><td></td><td></td><td></td><td></td><td></td></tr>
<tr><td>分配金额</td><td></td><td></td><td></td><td></td><td></td></tr>
<tr><td rowspan="2">维修车间</td><td>受益数量</td><td></td><td></td><td></td><td></td><td></td></tr>
<tr><td>分配金额</td><td></td><td></td><td></td><td></td><td></td></tr>
<tr><td colspan="2" rowspan="2">基本生产车间</td><td>受益数量</td><td></td><td></td><td></td><td></td><td></td></tr>
<tr><td>分配金额</td><td></td><td></td><td></td><td></td><td></td></tr>
<tr><td colspan="2" rowspan="2">行政管理部门</td><td>受益数量</td><td></td><td></td><td></td><td></td><td></td></tr>
<tr><td>分配金额</td><td></td><td></td><td></td><td></td><td></td></tr>
<tr><td colspan="3">分配金额合计</td><td></td><td></td><td></td><td></td><td></td></tr>
</table>

(2) 编制本月分配辅助生产费用的会计分录。

（三）顺序分配法实训

资料：沿用直接分配法资料。

要求：根据资料，采用顺序分配法分配辅助生产成本，并编制“辅助生产费用分配表（顺序分配法）”，据以作出会计分录。

实训成果

（1）采用顺序分配法编制辅助生产费用分配表，如表 3-4 所示。

表 3-4　　辅助生产费用分配表（顺序分配法）

201×年 3 月　　　　金额单位：元

辅助生产车间名称			供电车间	维修车间	金额合计
待分配辅助生产费用					
供应的劳务数量					
单位成本（分配率）					
辅助生产车间	供电车间	接受劳务量			
		应分配费用			
		分配率			
	维修车间	接受劳务量			
		应分配费用			
		分配率			
受益单位	基本生产车间	受益数量			
		分配金额			
	行政管理部门	受益数量			
		分配金额			
分配金额合计					

（2）编制本月分配辅助生产费用的会计分录。

（四）计划成本分配法实训

资料：某企业有供水和供电两个辅助生产车间。5 月供水车间供水 9 000 吨，全月共发生的生产费用为 21 000 元，每吨水计划单位成本 2.3 元；供电车间供电 40 000 千瓦·时，全月发生的生产费用为 26 800 元，每千瓦·时电计划单位成本 0.7 元。水、电均为一般耗用。本月辅助生产车间提供劳务及各车间、各部门水电耗用情况如表 3-5 所示。

表 3-5 **辅助生产车间提供劳务量汇总表**

201×年 5 月 金额单位:元

提供劳务的辅助生产车间	劳务计量单位	提供劳务的总量	各受益单位接受劳务量			
			辅助生产车间		基本生产车间	行政管理部门
			供水车间	供电车间		
供水车间	吨	9 000		2 000	5 500	1 500
供电车间	千瓦·时	40 000	4 000		30 000	6 000

要求:采用计划成本分配法分配辅助生产成本,并编制“辅助生产费用分配表(计划成本分配法)”,据以作出会计分录。

实训成果

(1) 采用计划成本分配法编制辅助生产费用分配表,如表 3-6 所示。

表 3-6 **辅助生产费用分配表(计划成本分配法)**

201×年 5 月 金额单位:元

辅助生产车间名称			供水车间	供电车间	合 计
待分配辅助生产费用					
劳务供应量					
计划单位成本					
辅助生产车间	供水车间	耗用数量			
		分配金额			
	供电车间	耗用数量			
		分配金额			
基本生产车间		耗用数量			
		分配金额			
行政管理部门		耗用数量			
		分配金额			
按计划成本分配合计					
辅助生产车间实际成本					
辅助生产车间成本差异					

(2) 编制本月分配辅助生产费用的会计分录。

(五) 代数分配法实训

资料:沿用计划成本分配法资料。

要求:采用代数分配法分配辅助生产成本,并编制“辅助生产费用分配表(代数分配法)”,据以作出会计分录。(分配率保留到小数点后第二位)

实训成果

（1）供水、供电车间分配率计算过程。

（2）采用代数分配法编制辅助生产费用分配表，如表3-7所示。

表3-7　　辅助生产费用分配表（代数分配法）

201×年5月　　金额单位：元

辅助生产车间名称			供水车间	供电车间	合　计
待分配辅助生产费用					
劳务供应量					
单位成本					
辅助生产车间	供水车间	耗用数量			
		分配金额			
	供电车间	耗用数量			
		分配金额			
基本生产车间		耗用数量			
		分配金额			
行政管理部门		耗用数量			
		分配金额			
分配金额合计					

（3）编制本月分配辅助生产费用的会计分录。

实训成绩：　　　　年　月　日

实训项目四　制造费用的核算

第一部分　基础知识归纳

一、制造费用的概念

制造费用是指企业生产车间(或分厂)为组织管理生产所发生的各项间接费用,包括:车间管理人员工资,生产车间的厂房、机器、设备的折旧费,修理费,水电费,低值易耗品摊销,停工损失,未单独设置“燃料及动力”成本项目的企业所发生的用于产品生产的动力费用等。

二、制造费用的归集

企业发生的各项制造费用是按其用途和发生地点通过“制造费用”账户进行归集和分配的,借方归集费用的发生,贷方反映费用的分配,月终分配后一般无余额。

提示:辅助生产车间若间接费用较少,为了减少转账手续,也可以不通过“制造费用”账户,而直接记入“生产成本——辅助生产成本”账户。

三、制造费用的分配方法和账务处理

生产车间只生产一种产品的,就计入该种产品的生产成本;如果生产两种或两种以上产品的,就采用一定的方法在不同产品之间进行分配。分配方法有:生产工人工时比例法(或生产工时比例法)、生产工人工资比例法(或生产工资比例法)、机器工时比例法和按年度计划分配率分配法等。

(一)生产工人工时比例法

概念:这是按照各种产品所用生产工人实际工时或定额工时的比例分配制造费用的方法。计算公式如下:

$$制造费用分配率=\frac{制造费用总额}{车间产品生产工时总额}$$

某产品应分配的制造费用=该产品生产工时×制造费用分配率

优点:采用生产工时比例分配制造费用,能将劳动生产率与产品负担的费用水平联系起来,使分配结果比较合理。

缺点:如各种产品机械化程度相差悬殊,制造费用中的折旧费和修理费,将大部分由机械化程度低的产品负担,显得不合理。

适用:各种产品机械化程度相当、产品的工时记录和核算资料较准确的企业。

(二) 生产工人工资比例法

概念:生产工人工资比例法是按各种产品的生产工人工资比例分配制造费用的一种方法。计算公式如下:

$$制造费用分配率=\frac{制造费用总额}{车间各种产品生产工人工资总额}$$

某产品应分配的制造费用=该产品生产工人工资×制造费用分配率

提示:采用生产工人工资比例法分配制造费用,如果计入产品成本的生产工人工资是按生产工时比例分配的,则生产工人工资比例分配法与生产工时比例分配法对制造费用进行分配的结果是相同的。

优点:生产工人工资数据容易取得,分配核算比较简便。

缺点:各种产品机械化程度相差较大,会影响分配结果的准确性。

适用:各种产品机械化程度相近的企业。

(三) 机器工时比例法

概念:机器工时比例法是按照各种产品所耗的机器工时的比例分配制造费用的一种方法。计算公式如下:

$$制造费用分配率=\frac{制造费用总额}{车间各产品所耗机器工时总额}$$

某产品应分配的制造费用=该产品所耗机器工时×制造费用分配率

优点:在机械化程度较高的企业中,机器设备成为主要因素,按照机器工时比例分配制造费用更为合理。

适用:机械化程度较高,具备各种产品所用机械工时的原始记录的企业。

(四) 按年度计划分配率分配法

概念:按年度计划分配率分配法,是指依据年度制造费用预算数与各种产品预计产量的相关定额标准(如工时、生产工人工资、机器工时等)确定计划分配率,并以此分配制造费用的一种方法。计算公式如下:

$$年度计划分配率=\frac{年度制造费用计划总额}{各种产品计划业务量总数(工时、生产工人工资、机器工时)}$$

某月某种产品应负担的制造费用=该月该种产品实际业务量×年度计划分配率

提示:在年度计划分配率分配法下,年度中期制造费用总账账户及其相关明细账一般有月末余额,而且可能是借方余额,也可能是贷方余额。在年末时,制造费用账户仍有余额的,就是全年实际发生的制造费用与全年制造费用预计额的差异,需在年末进行差异分配,即年末调整后制造费用账户余额为零。

优点:分配手续简便,有利于及时计算产品成本,使单位产品负担的制造费用相对均衡。

缺点:要求计划管理水平较高,否则会影响成本计算的准确性。

适用:有比较准确的定额标准和较高的计划管理水平的季节性生产企业。

无论采用何种方法分配制造费用,都要根据分配结果编制“制造费用分配表”,并根据“制造费用分配表”编制会计分录。一般情况下,“制造费用”账户经过分配,期末没有余额。

第二部分 实训项目设计

一、能力目标

通过本项目，能够熟练掌握制造费用归集和分配的基本原理，达到提升实践操作能力的目标。

二、任务描述

根据资料，按照生产工人工时比例法、生产工人工资比例法、机器工时比例法、年度计划分配率分配法的基本原理，独立进行制造费用的归集和分配。

三、项目训练

（一）生产工人工时比例法实训

资料：某企业201×年3月，一车间的制造费用12 000元，二车间制造费用8 000元。假设一车间生产A、B两种产品，A产品生产工人工时5 500小时，B产品生产工人工时4 500小时；二车间只生产一种产品——C产品。该企业采用生产工人工时比例法对制造费用进行分配。

要求：采用生产工人工时比例法分配制造费用，编制“制造费用分配表”，据以作出会计分录。

实训成果

（1）编制制造费用分配表，如表4-1所示。

表4-1 **制造费用分配表**

201×年3月

应借账户		分配标准/小时	分配率/（元/小时）	分配金额/元
总账账户	明细账户			
生产成本	A产品			
	B产品			
	小　计			
	C产品			
合　计				

（2）编制本月分配制造费用的会计分录。

（二）生产工人工资比例法实训

资料：某企业采用生产工人工资比例法对制造费用进行分配。201×年4月，基本生产车间发生制造费用42 000元，该车间生产A、B两种产品，A产品生产工人工资5 500元，B产品生产工人工资4 500元。

要求：采用生产工人工资比例法分配制造费用，编制“制造费用分配表”，据以作出会计分录。

实训成果

（1）编制制造费用分配表，如表4-2所示。

表4-2　　制造费用分配表

201×年4月

应借账户		分配标准/小时	分配率/（元/小时）	分配金额/元
总账账户	明细账户			
生产成本	A产品			
	B产品			
合　计				

（2）编制本月分配制造费用的会计分录。

（三）机器工时比例法实训

资料：某企业基本生产车间系机械化程度较高的车间，采用机器工时比例法对制造费用进行分配。201×年4月，该基本生产车间发生制造费用480 000元，该车间生产A、B两种产品，A产品机器工时6 800小时，B产品机器工时3 200小时。

要求：采用机器工时比例法分配制造费用，编制“制造费用分配表”，据以作出会计分录。

实训成果

（1）编制制造费用分配表，如表4-3所示。

表4-3　　制造费用分配表

201×年4月

应借账户		分配标准/小时	分配率/（元/小时）	分配金额/元
总账账户	明细账户			
生产成本	A产品			
	B产品			
合　计				

(2) 编制本月分配制造费用的会计分录。

(四) 按年度计划分配率分配法实训

资料:某工业企业属于季节性生产企业,甲车间的全年制造费用预算及按计划分配率分配的制造费用7月为116 160元,该车间生产A、B产品定额工时分别为7小时和6小时。车间全年计划生产A产品840件、B产品1 440件。10月末"制造费用"科目贷方余额为62元。11月份实际产量为A产品90件、B产品105件;实际制造费用为10 192元。12月份实际产量为A产品80件、B产品130件;实际制造费用为10 800元。

要求:

(1) 采用按年度计划分配率分配法分配转出11月制造费用,并作出相关会计分录。

(2) 计算并结转12月应分配转出的制造费用并作出相关会计分录。(分配率保留到小数点后第四位,分配的费用保留到小数点后第二位)

实训成果

(1) 分配转出11月份制造费用,并作出相关会计分录。

(2) 分配转出12月份制造费用,并作出相关会计分录。

实训成绩:　　　　年　月　日

实训项目五　生产损失的核算

第一部分　基础知识归纳

一、生产损失的概念

生产损失是指在产品生产过程中，因产品报废、生产停工而发生的各种损失，包括废品损失和停工损失。

二、废品损失的核算

（一）废品的含义

生产中的废品是指那些质量不符合技术标准的规定，不能按照原定用途加以利用的，或是只有通过加工修复后才能利用的在产品、半成品和产成品，而不论它们是在生产中发现的，还是在入库后发现，以及实行"三包"企业在产品销售后发现的废品。

（二）废品的分类

（1）按技术修复性和经济合理性原则，分为不可修复废品和可修复废品两种。

（2）按产生的原因又分为工废和料废两类。工废是由于工人操作上的原因造成的废品；料废是出于原材料或半成品的质量不符合要求所造成的废品。

（三）废品损失的定义

废品损失是指在生产过程中发现的、入库后发现的不可修复废品的生产成本，以及可修复废品的修复费用，扣除回收废品残料价值和应收赔款以后的损失。计算公式如下：

不可修复废品损失＝不可修复废品的实际成本－回收材料（残料）价值－责任人赔款

可修复废品损失＝修理费用（包括耗用的原材料、生产工人工资、负担的制造费用）

废品损失＝不可修复废品损失＋可修复废品损失

注意：企业的下列损失不作为废品损失处理：①降价出售不合格产品的降价损失；②产品入库后因管理不善而损坏变质损失；③实行"三包"的企业，产品出售以后发现的废品所发生的一切损失；④因产生废品给企业带来的间接损失。

（四）废品损失核算账户设置

按车间设置明细账，按产品品种分设"废品损失"专户核算。借方归集企业一定时期所发生的不可修复废品的报废损失和可修复废品的修复费用。贷方归集废品的残料回收价值和应收赔款，借贷方相抵后的差额，即废品净损失。月末将废品损失账户余额分配转由本月同种产品的成本负担：借记"生产成本——基本生产成本"账户，贷记"废品损失"账户。"废品损失"账户月末没有余额。

企业也可不设"废品损失"账户,在"生产成本——基本生产成本"明细账中也不必设"废品损失"项目。对发生的可修复废品损失如同正常的生产费用处理。对收回的废品残料及其赔偿款,做冲减"生产成本——基本生产成本"处理。

三、停工损失

(一)概念

停工损失是指企业生产部门因停工所造成的损失。由停工期间消耗的燃料及动力、职工薪酬和制造费用等构成。停工不足一个工作日的,通常不计算停工损失。

(二)账户设置

开设"停工损失"账户,在产品成本计算单中增设"停工损失"成本项目。借方进行归集停工期内发生、应列作停工损失的费用;应由过失单位及过失人员或保险公司负担的赔款,应从该科目的贷方转入"其他应收款"等账户的借方。期末,将停工净损失从该科目贷方转出,属于自然灾害部分转入"营业外支出"账户的借方;应由本月产品成本负担的部分,则转入"生产成本——基本生产成本"账户的借方,在停工的车间生产多种产品时,还要采用合理的分配标准,分配计入该车间各产品成本明细账停工损失成本项目。"停工损失"账户月末无余额。

提示:季节性停工、修理期间的停工,不属于停工损失,不应作为停工损失核算,应记入"制造费用"账户。

企业也可不设"停工损失"账户和"停工损失"成本项目,而将发生的停工损失直接列入"制造费用"、"其他应收款"和"营业外支出"账户。

第二部分 实训项目设计

一、能力目标

通过本项目,能够熟练掌握废品损失归集和分配的基本原理,达到提升实践操作能力的目标。

二、任务描述

根据资料,独立对可修复废品与不可修复废品进行废品损失的归集和分配。

三、项目训练

(一)不可修复废品损失实训

资料:201×年10月,广发轮胎厂生产轮胎1 000个,生产过程中发现20个不可修复废品。轮胎成本明细账归集的生产费用为:直接材料125 000元,直接人工4 875元,制造费用22 750元,合计152 625元。原材料与生产开始时一次投入。生产工时为:合格品1 505小时，废品 120 小时，合计 1 625 小时。废品回收的残料计价 200 元。

要求：完成下列计算表和明细账，并作出相关会计分录。

实训成果

（1）完成废品损失计算单和明细账，如表 5-1～表 5-3 所示。

表 5-1　　废品损失计算单

产品名称：轮胎　　201×年 10 月　　金额单位：元

项　目	数量/个	原材料	生产工时/小时	工资	制造费用	成本合计
费用总额						
费用分配率						
废品生产成本						
减：废品残料						
废品净损失						

表 5-2　　废品损失明细账

产品名称：轮胎　　201×年 10 月　　金额单位：元

月	日	摘　要	直接材料	直接人工	制造费用	转　出	合计
略	略	不可修复废品生产成本					
		不可修复废品残料收入					
		废品损失合计					
		结转废品损失					

表 5-3　　基本生产成本明细账

产品名称：轮胎　　201×年 10 月　　金额单位：元

月	日	摘　要	直接材料	直接人工	制造费用	合　计
略	略	生产费用合计				
		结转废品成本				
		转入废品净损失				
		生产成本合计				
		完工产品数量/个				
		单位成本				

（2）编制相关会计分录。

（二）可修复废品损失实训

资料：201×年10月，广发轮胎厂生产轮胎1 000个，轮胎成本明细账归集的生产费用为：直接材料125 000元，直接人工4 875元，制造费用22 750元，合计152 625元。轮胎生产过程中发现20个可修复废品，当即进行修复，耗用原材料200元，工资40元，制造费用50元，此外，应向过失人索赔100元。

要求：完成下列计算表和明细账，并作出相关会计分录。

实训成果

（1）完成废品损失计算单和明细账，如表5-4～表5-6所示。

表5-4　废品损失计算单

产品名称：轮胎　　201×年10月　　金额单位：元

项　目	数量/件	原材料	工资和福利	制造费用	成本合计
废品生产成本					
减：责任人赔款					
废品净损失					

表5-5　废品损失明细账

产品名称：轮胎　　201×年10月

产量：　　金额单位：元

月	日	摘　要	直接材料	直接人工	制造费用	转　出	合计
略	略	修复发生材料费用					
		修复发生人工费用					
		修复发生制造费用					
		应收赔款					
		废品损失合计					
		结转废品损失					

表5-6　基本生产成本明细账

产品名称：轮胎　　201×年10月

产量：　　金额单位：元

月	日	摘　要	直接材料	直接人工	制造费用	合　计
略	略	生产费用合计				
		转入废品净损失				
		生产成本合计				
		完工产品数量/个				
		单位成本				

（2）编制相关会计分录。

实训成绩：　　　　　　　　　　　　　　　　　　　　　　　　　　年　月　日

实训项目六 生产费用在完工产品与在产品间分配

第一部分 基础知识归纳

一、在产品数量的确定

（一）在产品的概念

成本核算上所讲的在产品是狭义在产品，仅指车间内部处于加工、检验、运输等过程中的在制品。

（二）确定在产品的方法

准确确定月末在产品的数量，是将生产费用在完工产品与在产品之间分配，确定月末在产品的前提。确定在产品的方法有两种：一是通过台账资料确定；二是通过实地盘点方式确定月末在产品数量。两种方法结合使用。

（三）在产品盈亏的核算

1. 盘盈时的账务处理

先按计划成本或定额成本转入“待处理财产损溢”账户。其基本分录为：

借：生产成本——基本生产成本

　　贷：待处理财产损溢

待查明原因后，转销盘盈金额。其基本分录为：

借：待处理财产损溢

　　贷：管理费用

2. 盘亏时的账务处理

先按计划成本或定额成本转入“待处理财产损溢”账户。其基本分录为：

借：待处理财产损溢

　　贷：生产成本——基本生产成本

待查明原因后，转销盘亏金额。其基本分录为：

借：原材料（或银行存款）——毁损在产品的残值

　　其他应收款——过失人或保险公司赔款

　　营业外支出——自然灾害造成的净损失

　　制造费用——正常生产净损耗

　　管理费用——经营性净损失

　　贷：待处理财产损溢

提示：如果在产品发生非正常损失，则该损失的在产品应负担的增值税进项税额也应转出，借记“待处理财产损溢”账户，贷记“应交税费——应交增值税（进项税额转出）”账户。

（四）在产品数量与完工产品成本计算的关系

月初在产品成本＋本月生产费用－月末在产品成本＝本月完工产品总成本

计算完工产品成本还应考虑投产与完工情况，如表 6-1 所示。

表 6-1　投产与完工情况表

投产与完工时间	完工产品生产成本的构成
本月投产本月全部完工	本月发生的全部生产费用
本月投产本月部分完工	本月生产费用－月末在产品成本
以前月份投产本月全部完工	月初在产品成本＋本月生产费用
以前月份投产本月部分完工	月初在产品成本＋本月生产费用－月末在产品成本

二、生产费用在完工产品与在产品之间分配的方法

生产费用在完工产品与在产品之间分配的程序如下：

（1）确定月末在产品成本。

（2）确定本期完工产品总成本。

本月完工产品成本＝期初在产品成本＋本月生产费用－期末在产品成本

（3）计算完工产品单位成本。

$$某产品单位成本=\frac{该产品总成本}{该产品完工数量}$$

（一）在产品忽略不计法

在产品忽略不计法又称不计算在产品成本法，是指月末虽然有在产品，但不计算在产品成本，即某种产品本月归集的全部生产费用就是该种完工产品成本。

本月完工产品成本＝本月生产费用

（二）在产品按年初固定成本计价法

在产品按年初固定成本计价法是指年内各月末在产品成本均按年初在产品成本计算，各月末、月初在产品的成本固定不变，当月发生的生产费用全部由完工产品负担。

本月完工产品成本＝ 本月生产费用

（三）在产品按所耗直接材料费用计价法

在产品只负担材料费用，其他加工费用全部由完工产品负担。计算公式如下：

$$直接材料分配率\frac{直接材料费用总额}{完工产品数量+在产品数量}$$

在产品本成＝在产品数量×直接材料分配率

完工产品成本＝完工产品数量×直接材料费用分配率＋其他各项加工费用

（或＝期初在产品材料成本＋本期生产费用－在产品材料成本）

（四）在产品成本按完工产品成本计价法

将月末在产品视同完工产品，根据月末在产品数量与本月完工产品产量的比例来分配

生产费用。

(五) 约当产量比例法

按在产品完工程度把在产品折算为完工产品的产量,再把该产品已发生的累计生产费用,按完工产品产量和在产品的约当产量比例进行分配。

1. 计算过程

(1) 在产品约当产量=在产品数量×完工程度(或投料程度)

(2) 生产费用分配率 $=\dfrac{\text{月初在产品成本}+\text{本月生产费用}}{\text{完工产品数量}+\text{在产品约当产量}}$

(3) 完工产品费用分配额=完工产品数量×费用分配率

(4) 月末在产品费用分配额=在产品约当产量×费用分配率

2. 在产品约当产量的确定

(1) 分配"直接材料"成本项目的在产品约当产量的计算。

① 原材料在开始生产时一次投入时的计算。

一次投料就是在产品生产开工时一次投入产品生产所需的全部直接材料,月末在产品投料程度为100%。

在产品的约当产量=在产品的数量×100%

② 直接材料在每一工序开始时投入。

$$\frac{\text{某工序直接}}{\text{材料投料程度}}=\frac{\dfrac{\text{单位在产品前面各工序}}{\text{直接材料消耗定额之和}}+\dfrac{\text{单位在产品本工序}}{\text{直接材料消耗定额}}}{\text{单位完工产品直接材料消耗定额}}\times 100\%$$

提示:公式中的材料消耗定额可以是投入材料费用,也可以是投入材料数量。

某工序月末在产品约当产量=该工序在产品数量×该工序月末在产品投料程度

③ 直接材料在每一工序开始以后逐步投入。

$$\text{某工序直接材料投料程度}=\frac{\dfrac{\text{单位在产品前面各工序}}{\text{直接材料消耗定额之和}}+\dfrac{\text{单位在产品本工序}}{\text{直接材料消耗定额}}\times 50\%}{\text{单位完工产品直接材料消耗定额}}\times 100\%$$

(2) 分配"制造费用、直接人工、燃料与动力"等成本项目的在产品约当产量计算。

① 不分生产工序确定在产品完工程度,按完工程度计算月末在产品的约当产量。

月末在产品约当产量=月末在产品数量×完工程度(通常为50%)

② 分生产工序确定在产品完工程度。

$$\text{某工序在产品的完工程度}=\frac{\dfrac{\text{单位在产品前面各}}{\text{工序工时定额之和}}+\dfrac{\text{单位在产品本}}{\text{工序工时定额}}}{\text{单位完工产品工时定额}}\times 100\%$$

各工序月末在产品约当产量=各工序月末在产品数量×该工序在产品完工程度

(六) 在产品按定额成本计价法

在产品按定额成本计价法是指月末在产品成本按照预先制定的定额成本计价的方法。采用这种方法时,可根据实际结存的在产品数量、投料和加工程度,以及单位产品定额成本计算出月末在产品的定额成本。

期末在产品成本＝期末在产品数量×在产品单位定额成本×投料或加工程度

完工产品成本＝期初在产品成本＋本期生产费用－期末在产品成本

（七）定额比例法

定额比例法是指按照完工产品和月末在产品的定额消耗量或定额费用的比例分配计算完工产品成本和月末在产品成本的方法。

①

$$\text{直接材料费用分配率}=\frac{\text{月初在产品实际材料成本}+\text{本月投入的实际材料成本}}{\text{完工产品定额材料成本}+\text{月末在产品定额材料成本}}$$

完工产品应分配的材料成本＝完工产品定额材料成本×直接材料费用分配率

月末在产品应分配的材料成本＝月末在产品定额材料成本×直接材料费用分配率

②

$$\text{直接人工费用分配率}=\frac{\text{月初在产品直接人工费用}+\text{本月投入的直接人工费用}}{\text{完工产品定额工时}+\text{月末在产品定额工时}}$$

完工产品应分配的直接人工费用＝完工产品定额工时×直接人工费用分配率

月末在产品应分配的直接人工费用＝月末在产品定额工时×直接人工费用分配率

③

$$\text{制造费用分配率}=\frac{\text{月初在产品制造费用}+\text{本月投入的制造费用}}{\text{完工产品定额工时}+\text{月末在产品定额工时}}$$

完工产品应分配的制造费用＝完工产品定额工时×制造费用分配率

月末在产品应分配的制造费用＝月末在产品定额工时×制造费用分配率

三、完工产品成本的结转

借:库存商品

　原材料

　低值易耗品

　贷:生产成本——基本生产成本

提示:“生产成本——基本生产成本”期末借方余额就是在产品成本。

第二部分　实训项目设计

一、能力目标

通过本项目,能够熟练掌握完工产品和在产品之间分配生产费用的基本原理,达到提升实践操作能力的目标。

二、任务描述

根据资料,按照不计算在产品成本法、在产品按固定成本计价法、在产品按所耗直接材料费用计价法、约当产量比例法、在产品按定额成本计价法、定额比例法的基本原理,独立进行完工产品和在产品生产费用的分配。

三、项目训练

（一）不计算在产品成本法实训

资料：某食品加工企业采用不计算在产品成本法进行产品的成本计算。201×年12月该企业共发生生产费用29 074元，其中原材料费用19 036元，直接人工费用6 780元，制造费用3 258元，本月企业完工产品100千克，月末在产品数量很小，故忽略不计。

要求：计算企业12月完工产品的总成本和单位成本，并编制相关会计分录。

实训成果

（1）完工产品的总成本和单位成本。

（2）编制相关会计分录。

（二）在产品按年初固定成本计价法实训

资料：海东企业201×年9月生产甲产品，本月完工80件，月末在产品20件，有关月初在产品成本和本月生产费用如表6-2所示。

表6-2　月初在产品成本和本月生产费用

金额单位：元

项　目	直接材料	燃料动力	直接人工	制造费用	合　计
月初在产品成本	4 680	230	970	600	6 480
本月生产费用	43 460	3 170	5 880	2 300	54 810

要求：根据上述资料，在产品按固定成本计价法计算甲产品完工产品成本和月末在产品成本。

实训成果

（1）编制甲产品成本计算单，如表6-3所示。

表6-3　甲产品成本计算单

金额单位：元

摘　要	直接材料	燃料动力	直接人工	制造费用	合　计
月初在产品成本					
本月生产费用					
合　计					
完工产品成本/　件					
月末在产品成本/　件					

(2) 编制相关会计分录。

(三) 在产品按所耗直接材料费用计价法实训

资料:某企业生产乙产品,月末在产品只计算原材料费用。该产品月初在产品成本为2 000元,本月发生的生产费用分别为:直接材料 9 400 元,直接人工 2 200 元,制造费用 2 800 元。原材料在生产开始一次投入,本月完工产品 200 件,月末在产品 100 件。

要求:采用在产品成本按所耗用材料费用计算法,编制"乙产品成本计算单",并作出相关会计分录。

实训成果

(1) 编制乙产品成本计算单,如表 6-4 所示。

表 6-4　　乙产品成本计算单

金额单位:元

项　目	成本项目			
	直接材料	直接人工	制造费用	合　计
月初在产品成本				
本月发生的生产费用				
生产费用合计				
完工产品成本/　件				
单位成本				
月末在产品成本/　件				

(2) 编制相关会计分录。

(四) 约当产量比例法实训

1. 练习计算在产品约当产量

资料:某企业生产丙产品经过两道工序加工完成。101#产品耗用的原材料在生产开始时一次性投入。201×年 2 月 101#产品的有关生产资料如下:101#产品单位工时定额 100 小时,其中第一道工序 40 小时,第二道工序 60 小时,假设各工序内在产品的完工程度均为 50%;本月完工产品 600 件。月末在产品数量为:第一道工序 100 件,第二道工序 200 件。

要求:计算 101#产品月末在产品加工程度及约当产量,并编制各工序在产品完工程度及在产品的约当产量计算表。

实训成果

(1) 计算101#产品月末在产品加工程度及约当产量。

(2) 编制各工序在产品完工程度及在产品的约当产量计算表,如表6-5所示。

表6-5　　各工序在产品完工程度及在产品的约当产量计算表

单位:件

工序	在产品数量	投料程度/%	工时定额	加工费用完工程度/%	材料费用在产品约当产量	加工费用在产品约当产量
1						
2						
合计						

2. 练习按约当产量比例法计算在产品成本

资料:某企业生产202#产品经过两道工序加工完成。在产品成本按约当产量法计算,201×年3月202#产品有关资料如下:

(1) 202#产品本月完工720件;月末在产品数量为:第一道工序200件,第二道工序400件。

(2) 原材料分次在每道工序开始时投入。第一道工序材料消耗定额30千克,第二道工序材料消耗定额为20千克。

(3) 202#产品完工产品工时定额为50小时,其中第一道工序30小时,第二道工序20小时。每道工序在产品工时定额为本工序工时定额的50%。

(4) 202#产品月初及本月发生的生产费用为:直接材料费用252 000元,直接人工费用176 00元,制造费用23 100元。

要求:

(1) 按材料消耗定额计算202#产品各工序在产品的完工率及在产品约当产量。

(2) 按工时定额计算202#产品各工序在产品的完工率及在产品的约当产量。

(3) 将各项生产费用在完工产品与月末在产品之间进行分配,编制"产品成本计算单"。

(4) 编制相关会计分录。

实训成果

(1) 按材料消耗定额计算202#产品各工序在产品的完工率及在产品约当产量。

(2) 按工时定额计算202#产品各工序在产品的完工率及在产品的约当产量。

(3) 将各项生产费用在完工产品月末在产品之间进行分配,编制“产品成本计算单”,如表6-6所示。

分配过程:

表6-6 **产品成本计算单**

金额单位:元

项　目	成本项目			
	直接材料	直接人工	制造费用	合　计
月初及本月发生的生产费用				
合　计				
月末在产品约当产量				
完工产品数量				
约当产量合计				
费用分配率				
完工产品成本				
月末在产品成本				

(4) 编制相关会计分录。

(五) 在产品按定额成本计价法实训

资料:宏业公司生产丙产品,原材料在生产开始时一次投入,其他费用在生产过程中均衡发生。本月有关成本计算资料如表 6-7 所示。

表 6-7 月初在产品成本及本月发生费用

金额单位:元

摘　　要	直接材料	直接人工	制造费用	合　计
月初在产品成本	30 000	1 800	3 600	35 400
本月发生的生产费用	105 000	15 000	30 000	150 000
生产费用合计	13 500	16 800	33 600	185 400

该企业本月完工丙产品 1 200 件,月末在产品 200 件,直接材料计划单价 2 元,单位产品材料定额 43 千克;单位产品工时定额 3 小时;计划每小时费用分配率为:直接人工 3.5 元,制造费用 2.1 元。

要求:

(1) 计算在产品直接材料定额成本。

(2) 计算在产品定额工时。

(3) 计算在产品直接人工定额成本和在产品制造费用定额成本。

(4) 编制"月末在产品定额成本计算表"和"产品成本计算单"。

(5) 编制相关会计分录。

实训成果

(1) 计算在产品直接材料定额成本。

(2) 计算在产品定额工时。

(3) 计算在产品直接人工定额成本和在产品制造费用定额成本。

(4) 编制“月末在产品定额成本计算表”和“产品成本计算单”,如表6-8、表6-9所示。

表6-8 月末在产品定额成本计算表

金额单位:元

项　目	在产品数量	定额材料费用	定额工时	直接人工	制造费用	合　计
定额费用						
合　计						

表6-9 产品成本计算单

金额单位:元

项　目	成本项目			
	直接材料	直接人工	制造费用	合　计
月初在产品费用				
本月发生的生产费用				
合　计				
月末在产品成本				
完工产品成本				

(5) 编制相关会计分录。

(六) 定额比例法实训

资料:龙达公司生产丁产品,本月完工产品数量1 280件,原材料费用定额为每件产品100元,工时定额2小时;月末在产品数量320件,材料费用定额100元,工时定额1小时。生产费用资料如表6-10所示。

表6-10 丁产品生产费用

金额单位:元

摘　　要	直接材料	直接人工	制造费用	合　计
月初在产品成本	16 000	3 712	8 000	27 712
本月发生的生产费用	112 000	17 600	35 200	164 800
生产费用合计	128 000	21 312	43 200	192 512

要求:

(1) 计算丁产品完工产品和月末在产品定额材料费用和定额工时。

(2) 分成本项目计算丁产品完工产品成本与月末在产品成本。

(3) 编制“丁产品成本计算单”。

(4) 编制相关会计分录。

实训成果

（1）计算丁产品完工产品和月末在产品定额材料费用和定额工时。

（2）分成本项目计算丁产品完工产品成本与月末在产品成本。

（3）编制“丁产品成本计算单”，如表 6-11 所示。

表 6-11 丁产品成本计算单

金额单位：元

项目		成本项目			
		直接材料	直接人工	制造费用	合计
月初在产品成本					
本月发生的生产费用					
生产费用合计					
定额材料费用、定额工时	完工产品				
	月末在产品				
费用分配率					
完工产品成本					
月末在产品成本					

（4）编制相关会计分录。

实训成绩： 年 月 日

实训项目七　品种法

第一部分　基础知识归纳

一、品种法的概念

品种法是指以产品的品种为成本计算对象，来归集费用，计算产品成本的一种方法，是最基本的成本计算方法。

该方法适用于：大量大批单步骤生产类型的企业，或多步骤生产但管理上不要求分步计算的企业。

特点：①以产品品种作为成本计算的对象。②每月月末进行成本计算。③费用在完工产品与在产品之间分配。

二、品种法成本核算程序

品种法成本核算程序如图 7-1 所示。

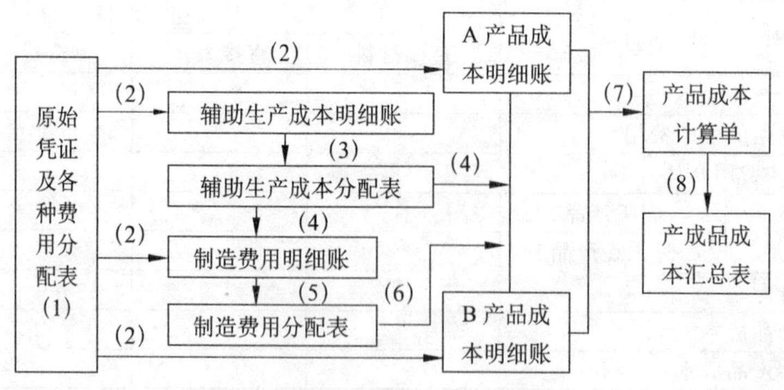

图 7-1　品种法成本核算程序图

(1) 按产品品种设立成本明细账，根据各项费用的原始凭证及相关资料编制有关记账凭证并登记有关明细账，并编制各种费用分配表，分配各种要素费用。

(2) 根据上述各种费用分配表和其他有关资料，登记辅助生产明细账、基本生产明细账、制造费用明细账等。

(3) 根据辅助生产明细账编制辅助生产成本分配表，分配辅助生产成本。

(4) 根据辅助生产成本明细账登记制造费用明细账。

(5) 根据制造费用明细账编制制造费用分配表。

（6）在各种产品之间分配制造费用，并据以登记基本生产成本明细账。

（7）根据各产品基本生产明细账编制产品成本计算单，分配完工产品成本和在产品成本。

（8）汇编产成品的成本汇总表，结转产成品成本。

第二部分 实训项目设计

一、能力目标

通过本项目，能够熟练掌握产品成本计算品种法的基本原理与具体业务核算，达到提升实践操作能力的目标。

二、任务描述

根据资料，结合要素费用的归集与分配规则，按照品种法的基本原理进行成本核算。

三、项目训练

1. 企业基本情况

大华制造厂设有一个基本生产车间和供电、供水两个辅助生产车间，大量生产甲、乙两种产品。

2. 201×年 12 月有关资料

（1）月初在产品成本：甲产品月初在产品成本 53 445 元，其中：直接材料 15 600 元，直接人工 26 000 元，制造费用 11 845 元；乙产品无月初在产品。

（2）本月生产数量：甲产品材料单位定额消耗量为 7 千克，本月实际生产工时 50 000 小时，月初在产品 400 件，本月完工 1 000 件，月末在产品 400 件，原材料在生产开始时一次投入，加工费用为陆续投入；乙产品材料单位定额消耗量为 4 千克，本月实际生产工时 30 000 小时，本月完工 500 件，月末无在产品。

供电车间本月供电 43 576 千瓦·时，其中供水车间耗用 1 000 千瓦·时，产品生产耗用 39 000 千瓦·时，甲产品耗用 20 500 千瓦·时，乙产品耗用 18 500 千瓦·时，基本生产车间一般耗用 1 200 千瓦·时，厂部管理部门耗用 2 376 千瓦·时。

供水车间本月供水 21 550 升，其中供电车间耗用 800 升，产品生产耗用14 000升，甲产品耗用 9 000 升，乙产品耗用 5 000 升，基本生产车间一般耗用 3 900 升，厂部管理部门耗用 2 850 升。

（3）材料费用如表 7-1 所示。

表 7-1　　　　发出材料汇总表

201×年12月　　　　金额单位:元

用　　途	直接领用	共同耗用	合　计
产品生产直接耗用	47 000	27 000	74 000
其中:甲产品	11 000		
乙产品	36 000		
基本生产车间一般耗用	8 000		8 000
供电车间耗用	488		488
供水车间耗用	800		800
厂部管理部门耗用	600		600
合　计	56 888	27 000	83 888

(4) 本月职工薪酬如表 7-2 所示。

表 7-2　　　　职工薪酬汇总表

201×年12月　　　　金额单位:元

人员类别	应付职工薪酬
生产工人	160 000
供电车间人员	14 000
供水车间人员	12 000
基本生产车间人员	10 000
厂部管理人员	21 000
合　计	217 000

(5) 本月计提折旧费 39 000 元,其中基本生产车间 23 000 元,供水车间 2 000 元,供电车间 5 000 元,厂部管理部门 9 000 元。

(6) 本月以银行存款支付费用 14 200 元,其中基本生产车间差旅费 3 400 元,办公费 1 200元,供水车间办公费 1 600 元,运输费 200 元;供电车间办公费 1 800 元;厂部管理部门办公费 4 000 元,差旅费 2 000 元。

设置甲、乙产品基本生产成本明细账,供电车间、供水车间辅助生产成本明细账,基本生产车间制造费用明细账,辅助车间不设置"制造费用"账户。

3. 训练要求

(1) 根据甲、乙产品材料定额消耗量比例分配共同用料,编制"材料费用分配表",如表 7-3所示,编制会计分录。

(2) 根据甲、乙产品的实际生产工时,分配产品生产工人薪酬,编制"职工薪酬分配表",同时根据分配结果编制会计分录。

(3) 编制本月计提折旧的会计分录。

(4) 编制本月以银行存款支付的费用的会计分录。

(5) 登记辅助生产成本明细账,并采用直接分配法编制"辅助生产费用分配表",根据分配结果编制会计分录。

(6) 登记基本生产车间制造费用明细账。编制"制造费用分配表",根据分配结果编制会计分录。

(7) 登记基本生产成本明细账。采用约当产量法计算甲产品月末在产品成本,编制甲、乙产品成本计算单和完工产品成本汇总表,并编制结转完工甲、乙产品成本的会计分录。

实训成果

(1) 根据甲、乙产品定额消耗量比例分配共同用料，编制“材料费用分配表”，如表 7-3 所示，编制会计分录。

表 7-3

材料费用分配表

201×年 12 月 金额单位:元

应借账户		直接计入	间接计入			合计
总账账户	明细账户		分配标准	分配率	分配额	
生产成本——基本生产成本	甲产品					
	乙产品					
	小计					
生产成本——辅助生产成本	供电车间					
	供水车间					
	小计					
制造费用	基本生产车间					
管理费用						
合计						

根据表 7-3 编制会计分录。

(2) 根据甲、乙产品的实际生产工时，分配产品生产工人薪酬，编制“职工薪酬分配表”，如表 7-4 所示，同时根据分配结果编制会计分录。

表 7-4

职工薪酬分配表

201×年 12 月 金额单位:元

应借账户		分配标准（生产工时）	分配率	分配额	合计
总账账户	明细账户				
生产成本——基本生产成本	甲产品				
	乙产品				
	小计				
生产成本——辅助生产成本	供电车间				
	供水车间				
	小计				
制造费用	基本生产车间				
管理费用					
合计					

根据表 7-4 编制会计分录。

(3) 编制本月计提折旧的会计分录。

(4) 编制本月以银行存款支付的费用的会计分录。

(5) 登记辅助生产成本明细账,并采用直接分配法编制“辅助生产费用分配表”,根据分配结果编制会计分录,如表 7-5～表 7-7 所示。

表 7-5　　辅助生产成本明细账

车间名称:供电车间　　金额单位:元

201×年		凭证号	摘　　要	直接材料	直接人工	折旧费用	其他费用	合计	转出
月	日								
12	31	略	分配材料费用						
	31		分配职工薪酬						
	31		分配折旧费用						
	31		分配其他费用						
	31		本期发生额合计						
	31		分配转出						

表 7-6　　辅助生产成本明细账

车间名称:供水车间　　金额单位:元

201×年		凭证号	摘　　要	直接材料	直接人工	折旧费用	其他费用	合计	转出
月	日								
12	31	略	分配材料费用						
	31		分配职工薪酬						
	31		分配折旧费用						
	31		分配其他费用						
	31		本期发生额合计						
	31		分配转出						

表 7-7　　辅助生产费用分配表(直接分配法)

201×年 12 月　　金额单位:元

项　目	受益部门				合　计
	供电车间		供水车间		
	电量/(千瓦·时)	金　额	水量/升	金　额	
待分配费用					
劳务供应量					
分配率					
分配金额					
甲产品					
乙产品					
合　计					
基本生产车间					
管理部门					
合　计					

根据表 7-7 编制会计分录。

(6) 登记基本生产车间制造费用明细账。编制“制造费用分配表”,根据分配结果编制会计分录,如表 7-8、表 7-9 所示。

表 7-8　　制造费用明细账

车间名称:基本生产车间　　金额单位:元

201×年		凭证号	摘　要	消耗材料	工资及福利费	折旧费用	办公、差旅费	供电、供水费	合计
月	日								
12	31	略	分配材料费用						
	31		分配职工薪酬						
	31		分配折旧费用						
	31		分配其他费用						
	31		分配辅助生产费用						
	31		待分配费用合计						
	31		分配转出						

表 7-9　　制造费用分配表

201×年 12 月　　金额单位:元

分配对象	分配标准(生产工时)	分配率	应分配金额
甲产品			
乙产品			
合　计			

根据表 7-9 编制会计分录。

(7) 登记基本生产成本明细账。采用约当产量法计算甲产品月末在产品成本,编制甲、乙产品成本计算单和完工产品成本汇总表,并编制结转完工甲、乙产品成本的会计分录,如表7-10～表7-14所示。

表 7-10　　基本生产成本明细账

产品名称:甲产品　　完工产品数量:　件　　金额单位:元

201×年		凭证号	摘　要	成本项目			合　计
月	日			直接材料	直接人工	制造费用	
12	1	略	月初在产品成本				
	31		分配材料费用				
	31		分配职工薪酬				
	31		分配辅助生产费用				
	31		分配制造费用				
	31		生产费用合计				
	31		结转完工产品总成本				
	31		期末在产品成本				

表 7-11　　基本生产成本明细账

产品名称:乙产品　　完工产品数量:　件　　金额单位:元

201×年		凭证号	摘　要	成本项目			合　计
月	日			直接材料	直接人工	制造费用	
12	1	略	月初在产品成本				
	31		分配材料费用				
	31		分配职工薪酬				
	31		分配辅助生产费用				
	31		分配制造费用				
	31		生产费用合计				
	31		结转完工产品总成本				
	31		期末在产品成本				

表 7-12　　产品成本计算单

产品名称:甲产品　　完工产品数量:　件　　金额单位:元

201×年		凭证号	摘　要	成本项目			合　计
月	日			直接材料	直接人工	制造费用	
12	1	略	月初在产品成本				
	31		本月生产费用				
	31		合　计				
	31		单位成本				
	31		完工产品总成本				
	31		期末在产品成本				

表 7-13　　产品成本计算单

产品名称:乙产品　　完工产品数量:　　件　　金额单位:元

201×年		凭证号	摘　要	成本项目			合　计
月	日			直接材料	直接人工	制造费用	
12	1	略	月初在产品成本				
	31		本月生产费用				
	31		合　计				
	31		单位成本				
	31		完工产品总成本				
	31		期末在产品成本				

表 7-14　　完工产品成本汇总表

201×年 12 月　　金额单位:元

产品名称	产量/件	直接材料	直接人工	制造费用	成本合计	单位成本
甲产品						
乙产品						
合　计						

结转完工甲、乙产品成本的会计分录。

实训成绩:　　年　月　日

实训项目八　分 批 法

第一部分　基础知识归纳

一、分批法的概念

分批法是以产品的批别为成本计算对象,按照产品批别归集生产费用、计算产品成本的一种方法。

适用于:单件、小批量且管理上不要求分步骤计算成本的多步骤生产企业。

二、分批法的特点

分批法的特点,主要有以下几点。

(1) 以产品批别作为成本计算对象。

(2) 成本计算期与生产周期一致,而与会计报告期不一致。

(3) 一般不需要在完工产品和在产品之间分配生产费用。

三、分批法成本核算的一般程序

(1) 按产品批别(或生产令号)开设生产成本计算单,并分别按成本项目设置专栏或专行,用以归集该批产品在生产过程中所发生的各项费用。

(2) 按产品批别归集和分配本月发生的各种费用。

(3) 计算完工产品成本。

分批法成本计算程序如图 8-1 所示。

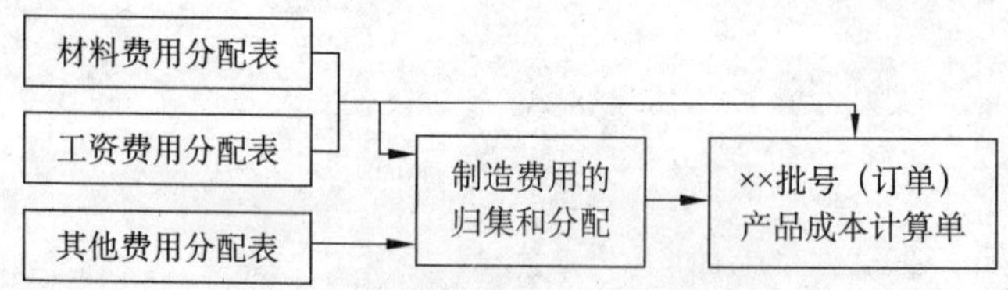

图 8-1　分批法成本计算程序图

四、简化分批法

在小批、单件生产的企业或车间中，如果同一月份投产的产品批数很多，并且月末完工的批数并不多。为了简化核算，可采用不分批计算在产品成本的分批法，也叫人工及制造费用的累计分配法或简化的分批法。

其成本计算特点如下：

(1) 设立基本生产成本二级账。将月份内各批别产品发生的生产费用(按成本项目)以及生产工时登记在基本生产成本二级账中，按月提供企业或车间全部产品的累计生产费用和累计工时资料(实际工时或定额工时)。

(2) 按产品批别设立产品成本明细账，与基本生产成本二级账平行登记。但该产品成本明细账在产品完工之前只登记直接材料费用和生产工时，在没有完工产品的情况下，不分配间接计入费用，只有在有完工产品的那个月份，才对间接费用进行分配。登记完工产品成本。

提示：在简化的分批法下，只有“直接材料费用”是直接费用，不需要进行分配。

(3) 在有完工产品的月份，根据基本生产成本二级账的记录资料，计算全部产品累计间接计入费用分配率，按完工产品的累计工时乘以累计间接计入费用分配率计算和分配其应当负担的间接计入费用，并将分配的间接计入费用计入按产品批别设置的产品成本明细账。计算公式如下：

$$\text{全部产品累计间接计入的费用分配率}=\frac{\text{全部产品累计间接计入费用}}{\text{全部产品累计工时}}$$

$$\text{某批产品完工应负担的间接计入费用}=\text{该批完工产品累计工时}\times\text{全部产品累计间接计入的费用分配率}$$

第二部分　实训项目设计

一、能力目标

通过本项目，能够熟练掌握产品成本计算分批法的基本原理与具体业务核算，达到提升实践操作能力的目标。

二、任务描述

根据资料，按照分批法的基本原理进行成本核算，以及运用简化分批法独立进行成本计算。

三、项目训练

(一) 简化分批法实训

1. 企业基本情况

大华公司属于小批生产，采用简化的分批法计算产品成本。

2. 201×年 4 月有关资料

(1) 月初在产品成本:101 批号,直接材料 3 750 元;102 批号,直接材料 2 200 元;103 批号,直接材料 1 600 元。月初直接人工 1 725 元,制造费用 2 350 元。

(2)月初在产品耗用累计工时:101 批号 1 800 小时;102 批号 590 小时;103 批号 960 小时。

(3) 本月的生产情况如表 8-1 所示。

表 8-1 产品生产情况表

产品名称	批号	批量/件	投产日期	完工日期	本月发生工时/小时	本月发生直接材料/元
甲	101	10	2 月	4 月	450	250
乙	102	5	3 月	4 月	810	300
丙	103	4	3 月	6 月	1 640	300

(4) 本月发生的各项间接费用为:直接人工 1 400 元,制造费用 2 025 元。

3. 训练要求

根据上述资料,登记基本生产成本二级账,以及各批产品基本生产成本明细账。计算完工产品成本,如表 8-2～表 8-5 所示。

实训成果

表 8-2 基本生产成本二级账

金额单位:元

201×年		摘要	生产工时	直接材料	直接人工	制造费用	合计
月	日						
3	31	累计发生					
4	30	本月发生					
4	30	累计发生数					
4	30	累计间接费用分配率					
4	30	本月完工产品成本转出					
4	30	月末在产品					

表 8-3 基本生产成本明细账

批号:101　　投产日期:2 月　　批量:10 件

产品名称:甲产品　　完工日期:4 月　　金额单位:元

201×年		摘要	生产工时	直接材料	直接人工	制造费用	合计
月	日						
3	31	累计发生					
4	30	本月发生					
4	30	累计发生数					
4	30	累计间接费用分配率					
4	30	完工产品应负担间接费用					
4	30	本月完工产品成本转出					
4	30	单位产品成本					

表 8-4　　基本生产成本明细账

批号:102　　投产日期:3 月　　批量:5 件

产品名称:乙产品　　完工日期:4 月　　金额单位:元

201×年		摘　　要	生产工时	直接材料	直接人工	制造费用	合　计
月	日						
3	31	累计发生					
4	30	本月发生					
4	30	累计发生数					
4	30	累计间接费用分配率					
4	30	完工产品应负担间接费用					
4	30	本月完工产品成本转出					
4	30	单位产品成本					

表 8-5　　基本生产成本明细账

批号:103　　投产日期:3 月　　批量:4 件

产品名称:丙产品　　完工日期:6 月　　金额单位:元

201×年		摘　要	生产工时	直接材料	直接人工	制造费用	合　计
月	日						
3	31	累计发生					
4	30	本月发生					

(二) 分批法实训

资料:东风工厂根据购买单位的订单小批生产 A、B、C 三种产品,采用分批法计算产品成本。201×年 8 月的产品成本计算资料如下:

(1) 产品生产情况如表 8-6 所示。

表 8-6　　产品生产情况

批号	产品名称	批量/件	投产日期	完工日期
601	A 产品	1 000	6 月 15 日	8 月 31 日全部完工
702	B 产品	800	7 月 10 日	本月未完工
803	C 产品	3 000	8 月 12 日	本月完工 1 500 件

(2) 期初在产品成本如表 8-7 所示。

表 8-7　　期初在产品成本

201×年 8 月

批号	直接材料	燃料与动力	直接人工	制造费用	合　计
601	125 400	10 800	10 800	9 000	15 600
702	60 000	4 500	6 600	3 900	75 000

(3) 本月发生的生产费用如表 8-8 所示。

表 8-8　　本月发生的生产费用

201×年 8 月

批 号	直接材料	燃料与动力	直接人工	制造费用	合 计
601	24 600	3 150	6 900	4 350	39 000
702		1 800	7 200	6 000	15 000
803	36 000	2 700	4 800	1 500	45 000

(4) 完工产品与在产品直接分配费用的方法。803 批号 C 产品，本月完工 1 500 件，尚有在产品 1 500 件，在产品完工程度 50%，原材料在生产开始一次投入，生产费用采用约当产量法在完工产品与在产品之间分配。

要求：

(1) 计算 601 批 A 产品全部完工产品的总成本和单位成本，登记“基本生产成本明细账”，如表 8-9 所示。

(2) 计算 702 批 B 产品在产品成本，登记“基本生产成本明细账”，如表 8-10 所示。

(3) 计算 803 批 C 产品本月完工产品的总成本、单位成本及期末在产品成本，登记“基本生产成本明细账”，如表 8-11 所示。(分配率保留到小数点后第二位)

(4) 编制结转完工产品成本的会计分录。

实训成果

表 8-9　　基本生产成本明细账

批号:601　　产品名称:A 产品

开工日期:　　批量:　　件

完工日期:　　金额单位:元

201×年		摘　要	直接材料	直接燃料与动力	直接人工	制造费用	合 计
月	日						
8	31	期初在产品成本					
8	31	本月生产费用					
	31	费用合计					
	31	完工产品总成本					
	31	完工产品单位成本					

表 8-10　　基本生产成本明细账

批号:702　　产品名称:B 产品

开工日期:　　批量:　　件

完工日期:　　金额单位:元

201×年		摘　要	直接材料	直接燃料与动力	直接人工	制造费用	合 计
月	日						
8	31	期初在产品成本					
8	31	本月生产费用					
	31	生产费用合计					

表 8-11 **基本生产成本明细账**

批号:803 产品名称:C产品

开工日期: 批量: 件

完工日期: (完工: 件) 金额单位:元

201×年		摘　　要	直接材料	直接燃料与动力	直接人工	制造费用	合　计
月	日						
8	31	本月生产费用					
	31	费用分配率					
	31	完工产品成本					
	31	月末在产品成本					

结转完工产品成本的会计分录。

实训成绩: 年 月 日

实训项目九　分 步 法

第一部分　基础知识归纳

一、分步法的概念

分步法是以产品的品种及所经过的生产步骤作为成本计算对象，归集生产费用，计算各种产品成本及各步骤成本的一种方法。

适用于：大量、大批、复杂、多步骤生产的企业。

二、分步法的特点

(1) 以生产步骤作为成本计算对象。

(2) 每月月末进行成本计算。

(3) 月末需要将生产费用在完工产品与在产品之间进行分配。

(4) 在逐步结转分步法下各步骤之间的成本需要结转。

三、分步法的种类

按是否计算各生产步骤的半成品成本，可以分为逐步结转分步法和平行结转分步法两种。

逐步结转分步法──→计算各步骤半成品成本

平行结转分步法──→不计算各步骤半成品成本

(一) 逐步结转分步法

1. 逐步结转分步法的概念

逐步结转分步法是按生产步骤逐步计算并结转半成品成本，直到最后步骤计算出产品成本的方法。逐步结转分步法在成本管理上要求提供半成品成本资料，因此，又称为计算半成品成本的分步法。

2. 逐步结转分步法的适用范围

逐步结转分步法适用于半成品可对外销售或虽不对外销售但需进行比较考核的企业；一种半成品同时为几种产成品消耗的企业；实行厂内经济核算的企业。

3. 逐步结转分步法的特点

本质上是品种法的多次连续应用，其成本计算对象是各个步骤的半成品和最后步骤的产成品。

4. 逐步结转分步法的计算程序

(1) 按照产品的生产步骤和产品品种设置产品成本明细账。

(2) 各步骤的直接费用(直接材料费用、直接人工费用及其他直接费用),直接记入各步骤的成本明细账内,间接费用(制造费用)则要先归集,然后采用一定的分配方法,在各步骤之间进行分配之后,再记入各步骤的成本明细账内。

(3) 将上一步所产半成品的成本,随着半成品实物的转移,从上一步骤的成本明细账中转入下一步骤相同产品的明细账中,这样逐步计算出半成品成本直至最后一个步骤的产成品成本。

(4) 月末,各生产步骤成本明细账中归集的各项生产费用(包括所耗上一步骤半成品的费用)要在完工的半成品(最后一步为产成品)和在产品之间分配,最后计算完工产品的总成本和单位成本。

5. 逐步结转分步法的账务处理及账户设置

在综合结转分步法下,上步完工的半成品或中间产品的结转分为两种方式:一种是通过半成品仓库结转到下一步继续生产;另一种是不通过半成品仓库直接转入到下一步继续生产。因此,综合结转分步法"各步骤产品成本结转"也分两种情况。

第一种:半成品或中间产品不通过"半成品仓库"直接转移到下一步继续生产的账务处理。

账户设置:按车间设置"生产成本——基本生产成本"账户,按最终完工产品设置"库存商品——××产品"账户。

(1) 半成品或中间产品转移到下一步继续生产。

借:生产成本——基本生产成本(××产品)——××车间(下一步)

　　贷:生产成本——基本生产成本(××产品)——××车间(上一步)

(2) 月末结转最后一步完工产品成本。

借:库存商品——××产品

　　贷:生产成本——基本生产成本(××产品)——××车间(最后一步)

第二种:半成品或中间产品通过"半成品仓库"转移到下一步继续生产的账务处理。

(1) 月末结转中间步骤完工的半成品或中间产品时。

借:自制半成品——××产品

　　贷:生产成本——基本生产成本(××产品)——××车间

(2) 月末结转下一步领用上一步完工的半成品或中间产品时。

借:生产成本——基本生产成本(××产品)——××车间

　　贷:自制半成品——××产品

(3) 月末结转最后一步完工产品成本。

借:库存商品——××产品

　　贷:生产成本——基本生产成本(××产品)——××车间(最后一步)

6. 逐步结转分步法的分类

逐步结转分步法按照成本在下一步骤成本计算单中的反映方式,还可以分为综合结转和分项结转两种方法。

第一种方法:综合结转分步法。

(1) 综合结转分步法的概念

综合结转分步法是指上一步骤转入下一步骤的半成品成本，以“直接材料”或专设的“半成品”项目的综合成本列入下一步骤的成本计算单中。即当下一步骤耗用上一步骤半成品时，将其成本综合计入“半成品”或“直接材料”项目内，而不考虑上一步骤半成品成本的原始构成。

(2) 综合结转分步法的特点

综合结转分步法结转时处理比较简单，但是不能提供按原始成本项目(直接材料、直接人工、制造费用)反映的核算资料，不能了解产品成本的真实构成。因此，在管理上如果要求从整个企业角度分析和考核产品成本的构成，还应将综合结转分步法算出的产成品成本进行成本还原。

(3) 成本还原

成本还原就是将产成品耗用各步骤半成品的综合成本，逐步分解还原为原始的成本项目(直接材料、直接人工、制造费用等)表现的产成品成本资料。

成本还原的方法是从最后步骤起，将其耗用上一步骤半成品的综合成本逐步分解，还原为原来的成本项目。通常采用“还原分配率法”进行还原。

“还原分配率法”的原理是按完工产成品成本中的半成品(直接材料)综合成本占上一步骤本月完工半成品的比重还原的方法。计算过程如下：

① 计算成本还原分配率。

$$\text{成本还原分配率}=\frac{\text{本月产成品所耗上一步骤半成品成本}}{\text{本月所产该种完工半成品成本合计}}$$

② 计算半成品各成本项目还原值。

半成品某成本项目还原值＝上步骤完工半成品各成本项目金额×还原分配率

③ 计算产成品还原后各成本项目金额。在成本还原的基础上，将各步骤还原前和还原后相同的成本项目金额相加，即可计算出产成品还原后各成本项目金额，从而取得按原始成本项目反映的产成品成本资料。

第二种方法：分项结转分步法。

(1) 分项结转分步法的概念

分项结转分步法是指上一步骤转入下一步骤的半成品成本，不是以“半成品”或“直接材料”成本项目进行反映的，而是分别成本项目(直接材料、直接人工、制造费用)记入下一步骤成本计算单的有关成本项目中。如果半成品通过半成品库收发，在自制半成品明细账中登记半成品成本时，也要按照成本项目分别予以登记。

(2) 分项结转分步法的特点

分项结转分步法能够提供按原始成本项目反映的产成品成本结构，因此，不需要进行成本还原。

(二) 平行结转分步法

1. 平行结转分步法的概念

平行结转分步法是指平行结转各生产步骤生产费用中应计入产成品成本的份额，然后汇总计算产成品成本的方法。此法亦称不计算半成品成本分步法。

2. 平行结转分步法的特点

(1) 各步骤只汇集本步骤所发生的生产费用，不反映耗用的半成品成本。

(2) 各步骤半成品成本不随实物转移而结转。

(3) 各步骤均不计算半成品成本，只计算各步骤本身所发生的生产费用。此“费用”不包括耗用以前步骤半成品的成本。

(4) 按照产成品品种开设产品成本汇总表，分别按成本项目平行汇总各步骤应计入完工产品成本的费用“份额”，并计算确定完工产品成本。

3. 平行结转分步法的适用范围

平行结转分步法主要适用于大量大批，在管理上不要求计算半成品成本、多步骤生产的企业。

4. 运用平行结转分步法计算产品成本的一般程序

(1) 按产品和加工步骤设置成本明细账。

(2) 各步骤成本明细账分别按成本项目归集本步骤发生的生产耗费(不包括耗用上一步骤半成品的成本)。

(3) 月末将各步骤归集的生产耗费在产成品与广义的在产品之间进行分配，计算各步骤耗费中应计入产成品成本的份额。

(4) 将各步骤耗费中应计入产成品成本的份额，按成本项目平行结转，汇总计算出产成品的总成本及单位成本。

5. 应计入产成品成本费用“份额”的计算

在平行结转分步法下，合理确定各步骤应计入产成品成本中的费用“份额”，是这种方法的关键。在这种方法下，各步骤在产品成本不再与各该步骤的在产品实物保持对应关系，各步骤发生的费用要在完工产成品与广义在产品之间进行分配，从而确定各步骤应计入完工产成品成本的费用“份额”。具体分配方法有约当产量法和定额比例法。

(1) 约当产量法。采用约当产量法计算应计入产成品成本的份额，就是将各步骤生产耗费按照完工产成品的数量与月末广义在产品约当产量的比例进行分配，以确定各步骤耗费中应计入产成品成本的份额。计算公式如下：

完工产品数量＝最后一步产成品数量(这与逐步结转分步法不同)

某步骤月末广义在产品约当产量＝该步骤月末狭义在产品×该步骤投料(完工)程度
＋该步骤完工转入半成品仓库的半成品期末结存数量
＋从半成品库转入下一步正在加工的在产品数量
(半成品实际物体通过半成品库转移)

或

某步骤月末广义在产品约当产量＝该步骤月末狭义在产品×该步骤投料(完工)程度
＋该步骤完工转入以后各步骤正在加工的在产品数量
(半成品实际物体不通过半成品库转移)

提示：为什么计算某步骤月末广义在产品约当产量时，该步骤的在产品要考虑投料(完工)程度，而以后步骤的在产品就不考虑完工程度呢？这是因为后面步骤的半成品对于上一步来说已经完工，在平行结转分步法中半成品的成本不随实物转移而转移，每一步中只包括本步骤发生的费用，不包括上一步转入的费用。

$$某步骤产品单位成本=\frac{该步骤月初在产品成本+该步骤本月生产耗费}{完工产品数量+该步骤月末广义在产品约当产量}$$

某步骤应计入产成品成本的份额＝最后一步完工产品数量×该步骤产品单位成本

(2) 定额比例法。平行结转分步法采用定额比例法计算产品成本时,材料费用按定额材料费用比例分配,其他费用(人工、制造等费用)按定额工时比例分配。计算公式如下:

$$\text{某步骤产品材料费用分配率}=\frac{\text{材料费用实际发生额合计}}{\text{按最后一步完工产成品数量计算的材料费用总定额}+\left(\text{材料费用定额合计}-\text{按最后一步完工产成品数量计算的材料费用总额}\right)}$$

$$\text{某步骤应计入产成品成本的材料费用份额}=\text{按最后一步完工产成品数量计算的材料费用总定额}\times\text{该步骤产品材料费用分配率}$$

$$\text{某步骤产品人工(制造等)费用分配率}=\frac{\text{本步骤人工(制造等)费用实际发生额合计}}{\text{按最后一步完工产成品数量计算的本步骤的总定额工时}+\left(\text{本步骤定额工时合计}-\text{按最后一步完工产成品数量计算的本步骤总定额工时}\right)}$$

$$\text{某步骤应计入产成品成本人工(制造等)费用的份额}=\text{按最后一步完工产成品数量计算的本步骤的总定额工时}\times\text{该步骤产品人工(制造等)费用分配率}$$

6. 平行结转分步法下完工产成品的成本计算与结转

将各步骤生产费用中应由产成品成本负担的份额平行结转汇总,计算完工产成品成本。

成本结转会计分录如下:

借:库存商品——××产品

　　贷:生产成本——基本生产成本(××产品)

(各步骤应计入产品成本的份额合计)

第二部分　实训项目设计

一、能力目标

通过本项目,能够熟练掌握产品成本计算分步法的基本原理与具体业务核算,达到提升实践操作能力的目标。

二、任务描述

根据资料,按照综合结转分步法、分项结转分步法、平行结转分步法的基本原理,独立进行成本核算,以及进行综合结转分步法的成本还原。

三、项目训练

(一) 逐步综合结转分步法实训

资料:某企业生产乙产品连续经过两个生产车间,第一车间生产的甲半成品直接转给第二车间继续加工成乙产成品。原材料在生产开始时一次投入,各车间在产品完工程度均为50%,各项生产费用按约当产量法在完工产品和月末在产品间分配。产量和费用资料如表9-1所示。

表 9-1　　产品产量和费用资料表

金额单位:元

项　目	第一车间				第二车间			
	产量/件	直接材料	直接人工	制造费用	产量/件	直接材料	直接人工	制造费用
月初在产品	160	1 080	750	650	200	2 520	640	1 170
本月生产	1 240	10 960	5 370	5 215	1 150		5 384	7 866
本月完工	1 150				1 160			
月末在产品	250				190			

要求:

(1) 按逐步综合结转分步法的基本原理,计算完工产品与月末在产品成本,登记“基本生产成本明细账”,如表 9-2 和表 9-3 所示。

(2) 按成本还原分配率法进行成本还原,并编制“乙产品成本还原计算表”,如表 9-4 所示。(分配率保留到小数点后第四位,成本项目保留到小数点后第二位)

实训成果

(1) 第一车间成本计算过程。

表 9-2　　第一车间基本生产成本明细账

产品名称:甲半成品　　金额单位:元

项　目	直接材料	直接人工	制造费用	合　计
月初在产品成本				
本月生产费用				
合　计				
完工半成品数量				
月末在产品约当产量				
约当总产量				
单位成本(分配率)				
完工半成品总成本				
月末在产品成本				

(2) 第二车间成本计算过程。

表 9-3　　　　第二车间基本生产成本明细账

产品名称:乙产成品　　　　金额单位:元

项　　目	半成品	直接人工	制造费用	合　计
月初在产品成本				
本月生产费用				
合　计				
完工产品数量				
月末在产品约当产量				
约当总产量				
单位成本(分配率)				
完工产品总成本				
月末在产品成本				

(3) 成本还原计算过程。

表 9-4　　　　乙产品成本还原计算表

金额单位:元

项　　目	产量/件	半成品	直接材料	直接人工	制造费用	合　计
还原前产成品成本						
半成品成本						
还原分配率						
产成品中半成品成本还原						
还原后产成品总成本						
单位成本						

(二) 成本还原实训

资料:某企业 201×年 8 月生产甲产品 10 件,经过三个步骤,第一步骤生产出 A 半成品;第二步骤对半成品 A 继续加工,生产出 B 半成品;第三步骤对 B 半成品加工形成甲产品。半成品和产成品成本资料如表 9-5 所示。

表 9-5　　　　半成品和产成品成本资料

金额单位:元

成　　本	半成品	直接材料	直接人工	制造费用	成本合计
第一步骤 A 半成品成本		1 350	960	665	2 975
第二步骤 B 半成品成本	2 800		500	400	3 700
第三步骤甲产成品成本	3 145		560	320	4 025

要求:按成本还原分配率法进行成本还原,编制"产成品成本还原计算表(成本还原分配率法)"如表9-6所示。

实训成果

表9-6　　产成品成本还原计算表(成本还原分配率法)

产品名称:甲产品　　201×年8月　　金额单位:元

项　目	产量/件	还原分配率	半成品	直接材料	直接人工	制造费用	合　计
还原前产成品成本							
第二步骤半成品成本							
第一次成本还原							
第一步骤半成品成本							
第二次成本还原							
还原后产成品总成本							
还原后产成品单位成本							

(三) 分项结转分步法实训

资料:某企业大量生产A产品,依次经过三个车间生产完成,第二车间在第一车间生产的甲半成品的基础上生产出乙半成品,第三车间将乙半成品加工成产成品。采用逐步结转分步法计算成本,半成品成本按成本项目分项结转。半成品在各个生产步骤之间直接结转,直接材料在第一车间一次投入,各车间在产品完工率分别为30%、50%、60%。各生产步骤采用约当产量比例法在完工半成品与期末在产品之间分配成本。9月的有关成本计算资料如表9-7和表9-8所示。

表9-7　　产量资料

单位:件

项　目	第一车间	第二车间	第三车间
月初在产品	80	94	40
本月投产	164	180	210
本月完工	184	210	200
月末在产品	60	64	50

表9-8　　成本资料

金额单位:元

项　目			直接材料	直接人工	制造费用	合　计
月初资料	第一车间	所耗半成品				
		本步骤成本	360	150	80	590
		合　计				590
	第二车间	所耗半成品	450	225	135	810
		本步骤成本		247	226	473
		合　计				1 283
	第三车间	所耗半成品	180	290	230	700
		本步骤成本		140	80	230
		合　计				930

续表

项　目		直接材料	直接人工	制造费用	合　计
本月本步骤发生	第一车间	860	355	270	1 485
	第二车间		600	500	1 100
	第三车间		320	150	470

要求：按半成品实际成本分项结转分步法计算A产品成本。

实训成果

(1) 第一车间成本计算过程。

根据计算结果填制第一车间成本计算单，如表9-9所示。

表9-9　　第一车间成本计算单

201×年9月

车间：第一车间　　完工产量：　件　　在产品量：　件

产品：甲半成品　　金额单位：元

成本项目	月初在产品成本	本月生产成本	合　计	月末在产品成本	完工半成品成本	
					总成本	单位成本
直接材料						
直接人工						
制造费用						
合　计						

(2) 第二车间成本计算过程。

根据计算结果填制第二车间成本计算单，如表 9-10 所示。

表 9-10 **第二车间成本计算单**

201×年 9 月

车间：第二车间 完工产量： 件 在产品量： 件

产品：乙半成品 金额单位：元

项目		期初在产品成本	本期发生费用	合计	期末在产品成本	完工半成品成本	
						总成本	单位成本
直接材料	半成品成本						
	本生产步骤成本						
	合计						
直接人工	半成品成本						
	本生产步骤成本						
	合计						
制造费用	半成品成本						
	本生产步骤成本						
	合计						
项目合计	半成品成本						
	本生产步骤成本						
	合计						

(3) 第三车间成本计算过程。

根据计算结果填制第三车间成本计算单，如表 9-11 所示。

表 9-11 **第三车间成本计算单**

201×年 9 月

车间：第三车间 完工产量： 件 在产品量： 件

产品：A 产品 金额单位：元

项目		期初在产品成本	本期发生费用	合计	期末在产品成本	完工产成品成本	
						总成本	单位成本
直接材料	半成品成本						
	本生产步骤成本						
	合计						
直接人工	半成品成本						
	本生产步骤成本						
	合计						

续表

项　　目		期初在产品成本	本期发生费用	合　计	期末在产品成本	完工产成品成本	
						总成本	单位成本
制造费用	半成品成本						
	本生产步骤成本						
	合　计						
项目合计	半成品成本						
	本生产步骤成本						
	合　计						

（四）平行结转分步法实训

1. 约当产量法的实训

资料：某企业生产C产品，顺序经过三个步骤加工完成，原材料在生产开始时一次投入，各步骤在产品的完工程度均为50%。第一步骤生产的甲半成品完工后直接转入第二步骤，加工出乙半成品；第三步骤将乙半成品加工成C产成品。该企业201×年9月有关产量资料如表9-12所示，各步骤月初在产品成本及本月发生的生产费用如表9-13和表9-14所示，采用平行结转分步法计算产品成本。

表9-12　　各步骤产量情况表

单位：件

摘　　要	第一步骤	第二步骤	第三步骤
月初狭义在产品	80	110	120
本月投入	320	380	390
本月完工	390	420	450
月末狭义在产品	10	70	60

表9-13　　各步骤月初在产品成本资料

金额单位：元

项　目	第一步骤	第二步骤	第三步骤
直接材料	11 390		
直接人工	1 315	1 945	3 480
制造费用	1 045	2 335	3 330
合　计	13 750	4 280	6 810

表9-14　　本月成本资料

金额单位：元

项　目	第一步骤	第二步骤	第三步骤
直接材料	36 400		
直接人工	8 630	11 680	13 320
制造费用	9 485	10 745	12 510
合　计	54 515	22 425	25 830

要求：

(1) 若各步骤生产费用在产成品与广义在产品之间的分配采用约当产量法，计算各步骤生产费用应计入产成品成本的份额及完工产品成本,并编制各步骤基本生产明细账。

(2) 编制“产成品成本汇总计算表”,并作出产成品成本的会计分录。

实训成果

(1) 第一步骤成本计算过程。

根据计算结果填制第一步骤C产品基本成本明细账,如表9-15所示。

表9-15 第一步骤基本生产成本明细账

产品名称:C产品 201×年9月 金额单位:元

项　目	直接材料	直接人工	制造费用	合　计
月初在产品成本				
本月生产费用				
合　计				
本月产成品数量				
月末广义在产品数量				
约当总产量				
费用分配率				
应计入产成品的成本份额				
月末在产品成本				

(2) 第二步骤成本计算过程。

根据计算结果填制第二步骤C产品基本成本明细账,如表9-16所示。

表9-16 第二步骤基本生产成本明细账

产品名称:C产品 201×年9月 金额单位:元

项　目	直接材料	直接人工	制造费用	合　计
月初在产品成本				
本月生产费用				
合　计				
本月产成品数量				

续表

项　目	直接材料	直接人工	制造费用	合　计
月末广义在产品数量				
约当总产量				
费用分配率				
应计入产成品的成本份额				
月末在产品成本				

(3) 第三步骤成本计算过程。

根据计算结果填制第三步骤C产品基本成本明细账,如表9-17所示。

表9-17　第三步骤基本生产成本明细账

产品名称:C产品　　201×年9月　　金额单位:元

项　目	直接材料	直接人工	制造费用	合　计
月初在产品成本				
本月生产费用				
合　计				
本月产成品数量				
月末广义在产品数量				
约当总产量				
费用分配率				
本月产成品数量				
应计入产成品的成本份额				
月末在产品成本				

(4) 填制C产品成本汇总表,如表9-18所示。

表9-18　产成品成本汇总计算表

产品名称:C产品　　201×年9月　　金额单位:元

摘　要	直接材料	直接人工	制造费用	合　计
第一步骤计入产成品成本的份额				
第二步骤计入产成品成本的份额				
第三步骤计入产成品成本的份额				
产成品总成本				
单位成本				

(5) 编制结转本月完工入库产品的会计分录。

2. 定额比例法实训

海星公司甲产品的生产成本采用平行结转分步法。该产品生产经过两个车间完成，第一车间为第二车间提供半成品，第二车间将半成品加工为产成品。每月末进行在产品盘点。月末完工产品和在产品成本的分配采用定额比例法，其中材料费用按定额材料费用比例分配，其他费用按定额工时比例分配。定额资料如表 9-19 所示，本月实际发生的生产费用数据见第一、第二车间成本计算单。

表 9-19 定额资料汇总表

金额单位：元

生产步骤	月初在产品		本月投入		产成品				
	材料费用	工时/小时	材料费用	工时/小时	单件材料定额	单件工时定额	产量/件	材料费用总额	工时总定额/小时
第一车间	5 000	200	18 000	1 100	100	6	200	20 000	1 200
第二车间		180		920		5	200		1 000
合　计	5 000	380	18 000	2 020	100	11		20 000	2 200

要求：计算各车间应计入完工甲产品成本中的份额，写出计算过程，并填制第一、第二车间产品成本计算单及甲产品成本汇总表，如表 9-20～表 9-22 所示。

实训成果

表 9-20 第一车间甲产品成本计算单

金额单位：元

项　目	产量/件	直接材料费用		定额工时/小时	直接人工费用	制造费用	合　计
		定额	实际				
月初在产品			5 500		200	600	
本月费用			19 580		4 778	7 391	
合　计			25 080		4 978	7 991	
分配率							
产成品中本步骤份额	200						
月末在产品							

分配率计算过程：

表 9-21　　第二车间甲产品成本计算单

金额单位:元

项　目	产量/件	直接材料费用		定额工时/小时	直接人工费用	制造费用	合　计
		定额	实际				
月初在产品					140	120	
本月费用					4 228	6 488	
合　计					4 368	6 608	
分配率							
产成品中本步骤份额	200						
月末在产品							

分配率计算过程：

表 9-22　　甲产品成本汇总表

金额单位:元

项　目	产成品数量/件	直接材料费用	直接人工费用	制造费用	合　计
第一车间					
第二车间					
合　计	200				
单位成本					

实训成绩：　　　　年　月　日

实训项目十　分类法

第一部分　基础知识归纳

分类法成本的计算程序如下。

（一）恰当划分产品类别

根据产品生产所用原材料、产品的结构和工艺过程划分产品类别。在进行产品分类时，不能追求核算简单化，将一些性质、结构和加工工艺过程相差悬殊的产品勉强合并，任意分类，以免影响成本计算的准确性。

（二）合理选择类别内部的费用分配标准

选择与产品各项耗费有密切联系的分配标准。在类内各种产品之间分配费用时，各成本项目可以按同一个分配标准进行分配，也可按照各成本项目的性质，分别采用不同的分配标准进行分配，以使分配结果更趋合理。例如材料费用按材料定额比例，人工和制造费用按生产工时比例法分配。

（三）类内产品成本的分配方法

分配类内各完工产品成本的方法一般有系数分配法和定额比例法。

1. 系数分配法

在分类法下，对类内各种产品成本分配时，将分配标准折合成为标准系数，按系数将一类产品总成本在该类内部各种产品之间进行分配的方法，称为系数分配法。系数是指各种规格产品之间的比例关系。这种方法的关键是合理确定系数。系数一经确定，在一定时期内应稳定不变。

系数分配法的应用步骤是：

（1）确定分配标准。一般有定额消耗量、定额费用、售价，以及产品的体积、长度和重量等技术指标。需说明的是，所选分配标准应与产品成本高低成正比例关系。

（2）标准系数的确定与折算。在同类产品中选择一种产销量大、生产稳定或规格适中的产品作为标准产品，将这种产品的分配标准系数确定为“1”，以其他产品的单位产品的分配标准与标准产品相比较，计算出各种产品的系数。

（3）折算标准产品的总产量。系数确定后，把各种产品的实际产量乘以各自的系数，折算成标准系数，即标准产量，并将各种产品折算成标准的产量相加，计算出总系数，即折算成标准产品的总产量。计算公式如下：

类内某产品标准产量＝该产品实际产量×该产品系数

类内在产品标准约当产量＝在产品数量×完工程度×该产品系数

类内产品标准总产量＝$\sum$（各种产品标准产量＋类内在产品标准约当产量）

(4) 分配类内各种(或各规格)产品的成本。按折算的总系数,即按标准产品的总产量的比例分配各类产品内每一品种或规格产品的成本。计算公式如下:

$$某项费用分配率=\frac{该项费用总额}{类内产品标准总产量}$$

某产品负担的某项费用=该产品标准产量×某项费用分配率

在产品负担的某项费用=在产品标准约当产量×某项费用分配率

$$某产品的总成本=\sum 负担的各项费用$$

$$某产品完工产品的单位成本=\frac{该产品总成本}{该产品完工产品数量}$$

提示:采用系数分配法,可按成本项目采用不同的分配标准,有不同的分配系数。

2. 定额比例法

在分类法下,计算类内产品的总成本也可以按类内各种产品的定额比例进行分配,即定额比例法。例如,直接材料费用可以按照材料定额消耗量或材料定额费用比例进行分配,直接人工等其他费用则可按照定额工时比例进行分配。

运用定额比例法分配类内完工产品和在产品成本,以及类内各种产品完工产品成本,计算步骤如下:

(1) 分成本项目计算各类产品本月实际总成本。

(2) 分成本项目计算各项费用分配率。直接材料按定额成本(定额耗用量)计算分配率,直接人工等其他费用按定额工时计算分配率。计算公式如下:

$$直接材料分配率=\frac{某类产品耗用原材料总额}{某类产品的原材料定额成本(定额耗用量)}\times 100\%$$

$$直接人工分配率=\frac{某类产品直接人工实际成本}{某类产品定额工时总数}\times 100\%$$

$$制造费用分配率=\frac{某类产品制造费用实际成本}{某类产品定额工时总数}\times 100\%$$

(3) 计算类内各种产品的实际成本。具体用类内各产品成本中,分成本项目计算的定额成本(定额耗用量)乘以相关的分配率,求出各产品的实际成本。计算公式如下:

某种产品原材料成本=该种产品的原材料定额成本(定额耗用量)×直接材料分配率

某种产品工资、费用成本=该种产品定额工时×人工、费用分配率

在实际应用分类法进行成本核算时,可将系数法和定额比例法结合,同时使用对类内产品成本进行分配,如直接材料费用的分配采用系数法,直接人工等其他费用分配采用定额比例法(定额工时)。

第二部分 实训项目设计

一、能力目标

通过本项目,能够熟练掌握产品成本计算辅助方法分类法的基本原理与具体业务核算,达到提升实践操作能力的目标。

二、任务描述

根据资料，按照分类法的基本原理进行成本核算，以及进行分类法的基本原理应用、副产品与等级产品的成本核算。

三、项目训练

(一) 分类法的应用

资料：201×年8月某企业大量生产A、B、C三种产品，这三种产品的规格不同，但其结构相似，所用原材料相同，生产工艺过程也相近，原材料在生产开始时一次投入。为简化核算工作，将三种产品归为甲类，按分类法计算产品成本，类内B产品生产量较大并且销售稳定。该类产品本月发生的费用与月初在产品成本之和为192 000元，其中直接材料费用100 000元，直接人工82 000元，制造费用10 000元。本月A、B、C三种产品的完工产品与在产品的有关资料如表10-1所示。

表10-1 月末产量及定额资料

产品名称	完工产品产量/件	在产品产量/件	在产品完工程度/%	单位完工产品定额成本/元
A产品	200	600	20	30
B产品	300	400	25	60
C产品	500	250	30	72

要求：根据上述资料，结合约当产量法将按类别归集的生产费用，采用系数分配法进行类内产品成本的分配。

实训成果

(1) 合理确定系数，填制系数计算表，如表10-2所示。

表10-2 系数计算表

产品名称	单位定额成本	成本系数
A产品		
B产品		
C产品		

(2) 计算投料标准产量、投工标准产量，填制总系数计算表，如表10-3所示。

表10-3 总系数计算表

单位：件

产品名称	系数	产成品		在产品约当产量				合计	
		数量	标准产量	数量	完工率	投料标准产量	投工标准产量	投料标准总产量	投工标准总产量
A									
B									
C									
合计									

(3) 计算甲类完工产品成本与在产品成本,填制产品成本计算单,如表10-4所示。

表10-4 **产品成本计算单**

产品名称:甲类 201×年8月 金额单位:元

摘要	直接材料	直接人工	制造费用	合计
生产费用合计				
完工产品成本				
月末在产品成本				

(4) 计算类内各种产品成本,并填制甲类产品成本计算单,如表10-5所示。

表10-5 **甲类产品成本计算单**

201×年8月 金额单位:元

成本项目	甲类产品总成本	A		B		C	
		总成本	单位成本	总成本	单位成本	总成本	单位成本
直接材料							
直接人工							
制造费用							
合计							

(5) 根据成本计算结果,编制结转A、B、C产品完工入库的会计分录。

(二) 副产品成本核算

资料:201×年10月某企业在生产主要产品甲产品的同时,还附带生产一种副产品乙产品,甲、乙两产品联产阶段发生的直接材料总成本为336 250元,直接人工成本62 400元,制造费用成本37 600元。甲产品的产量为16 000千克;乙产品产量为1 000千克。乙产品分离后继续加工成丙产品,继续加工费用为1 050元,丙产品的产量为300千克,单位售价30元,销售费用总额为600元,销售利润率为10%,税率5%。

要求:

(1) 计算甲、丙产品的总成本和单位成本。

(2) 编制产品成本计算单及产品入库会计分录。

实训成果

(1) 计算甲、丙产品的总成本和单位成本。

(2) 填制产品成本计算单,如表10-6和表10-7所示。

表 10-6 产品成本计算单

产品:甲产品 201×年10月 金额单位:元

项　目	直接材料	直接人工	制造费用	合　计
生产费用合计				
结转乙产品成本				
甲产品总成本				
甲产品单位成本				

表 10-7 产品成本计算单

产品:丙产品 201×年10月 金额单位:元

项　目	直接材料	直接人工	制造费用	合　计
生产费用合计				
结转乙产品成本				
丙产品总成本				
丙产品单位成本				

(3) 根据成本计算结果,编制结转甲、丙产品完工入库的会计分录。

(三) 等级产品成本核算

资料:201×年10月某电子元件厂本期共生产了晶体管2 000只,其中一级1 000只,二级400只,三级600只,各等级晶体管单位售价分别为20元、16元和14元,全部联合成本采用分类法计算为20 880元。

要求:各等级产品成本按售价比例定出系数后进行分摊。

实训成果

填制等级产品成本计算单,如表10-8所示。

表 10-8 等级产品成本计算单

201×年10月 单位成本:元

产品等级	产量/只	单位售价	系数	标准产量	分配率	各产品分摊成本	单位成本
一级							
二级							
三级							
合计							

实训成绩: 年 月 日

实训项目十一　成本报表的编制与成本分析

第一部分　基础知识归纳

一、可比产品成本实际降低额和降低率的计算公式

$$\text{可比产品成本实际降低额} = \sum \text{可比产品实际产量} \times \left(\text{上年实际平均单位成本} - \text{本年实际平均单位成本}\right)$$

$$\text{可比产品成本实际降低率} = \frac{\text{可比产品成本实际降低额}}{\sum\left(\text{可比产品实际产量} \times \text{上年实际平均单位成本}\right)} \times 100\%$$

二、因素分析法

不论是产品总成本因素分析，还是单位产品成本因素分析；不论是三因素还是两因素分析，均可采用连环替代法：将某一综合指标分解为若干个相互联系的因素，计算分析各项因素对综合指标变动影响程度的一种分析方法。

(1) 模式：假定某综合经济指标 N 受 A、B、C 三个因素影响，关系式为 $N=A\cdot B\cdot C$。基期指标 N_0 由 A_0、B_0、C_0 组成，报告期指标 N_1 由 A_1、B_1、C_1 组成，即：

基期指标：　$N_0=A_0\cdot B_0\cdot C_0$

报告期指标：　$N_1=A_1\cdot B_1\cdot C_1$

差异额：　$G=N_1-N_0G$

(2) 运用连环替代法分析三个因素变动对差异额 G 影响程度的计算程序如下：

基期指标	A_0	$\cdot B_0$	$\cdot C_0$	$=N_0$	
第一次替代	↓				N_2-N_0 为 A 因素变动的影响
	A_1	$\cdot B_0$	$\cdot C_0$	$=N_2$	
第二次替代		↓			N_3-N_2 为 B 因素变动的影响
	A_1	$\cdot B_1$	$\cdot C_0$	$=N_3$	
第三次替代			↓		N_1-N_3 为 C 因素变动的影响
	A_1	$\cdot B_1$	$\cdot C_1$	$=N_1$	

将 A、B、C 三因素变动的影响相加：

$$(N_2-N_0)+(N_3-N_2)+(N_1-N_3)=N_1-N_0=G$$

分析结果与分析对象相符合。

第二部分 实训项目设计

一、能力目标

通过本实验项目,能够熟练掌握成本报表的编制方法,并能进行成本分析,达到提升成本报表的编制与成本分析实践操作能力的目标。

二、任务描述

根据实验资料,按照成本报表编制方法与成本分析的基本原理进行成本报表编制与成本分析。

三、项目训练

(一) 编制按产品种类反映的产品生产成本表

资料:光华公司201×年生产甲、乙、丙三种产品,其中,甲、乙为可比产品,丙产品当年投入生产,为不可比产品。相关资料如表11-1和表11-2所示。

表11-1 成本资料表

金额单位:元

项目	历史先进水平	上年实际成本	本年计划成本
甲产品	260	280	270
乙产品	720	760	750
丙产品			125

表11-2 201×年产量及单位成本表

产品种类	产量/件			单位成本/元	
	本年计划	12月	全年实际	12月	本年累计实际平均
甲产品	480	50	500	272	275
乙产品	320	20	300	735	745
丙产品	80	8	70	128	126

要求:根据上述资料编制按产品种类反映的产品生产成本表。

实训成果

产品生产成本表如表11-3所示。

表 11-3　　　　产品生产成本表

201×年 12 月 31 日　　　　金额单位：元

<table>
<tr><th rowspan="2" colspan="2">产品名称</th><th rowspan="2">计量单位</th><th colspan="2">实际产量</th><th colspan="4">单位成本</th><th colspan="3">本月总成本</th><th colspan="3">本年累计总成本</th></tr>
<tr><th>本月</th><th>本年累计</th><th>上年实际平均</th><th>本年计划</th><th>本月实际</th><th>本年累计实际平均</th><th>按上年实际平均单位成本计算</th><th>按本年计划单位成本计算</th><th>本月实际</th><th>按上年实际平均单位成本计算</th><th>按本年计划单位成本计算</th><th>本年实际</th></tr>
<tr><td rowspan="3">可比产品</td><td>A</td><td>件</td><td></td><td></td><td></td><td></td><td></td><td></td><td></td><td></td><td></td><td></td><td></td><td></td></tr>
<tr><td>B</td><td>件</td><td></td><td></td><td></td><td></td><td></td><td></td><td></td><td></td><td></td><td></td><td></td><td></td></tr>
<tr><td>合计</td><td></td><td>—</td><td>—</td><td>—</td><td>—</td><td>—</td><td>—</td><td></td><td></td><td></td><td></td><td></td><td></td></tr>
<tr><td rowspan="2">不可比产品</td><td>C</td><td>件</td><td></td><td></td><td></td><td></td><td></td><td></td><td></td><td></td><td></td><td></td><td></td><td></td></tr>
<tr><td>合计</td><td></td><td></td><td></td><td></td><td></td><td></td><td></td><td></td><td></td><td></td><td></td><td></td><td></td></tr>
<tr><td colspan="2">总计</td><td></td><td></td><td></td><td></td><td></td><td></td><td></td><td></td><td></td><td></td><td></td><td></td><td></td></tr>
</table>

补充资料：本年累计实际数

1. 可比产品成本降低额：

2. 可比产品成本降低率：

（二）填制本期实际成本与上年实际成本的对比分析表

根据实训(一)的资料进行本期实际成本与上年实际成本的对比分析，填制表 11-4。

表 11-4　　　　本期实际成本与上年实际成本的对比分析

<table>
<tr><th rowspan="2">可比产品</th><th colspan="2">总成本/元</th><th colspan="2">实际降低指标</th></tr>
<tr><th>按上年实际平均单位成本计算</th><th>本年实际</th><th>降低额/元</th><th>降低率/%</th></tr>
<tr><td>甲</td><td></td><td></td><td></td><td></td></tr>
<tr><td>乙</td><td></td><td></td><td></td><td></td></tr>
<tr><td>合计</td><td></td><td></td><td></td><td></td></tr>
</table>

（三）练习按成本项目编制的成本报表的构成比率分析

资料：利得公司按成本项目编制的产品生产成本表，如表 11-5 所示。

表 11-5　　　　产品生产成本表（按成本项目反映）

201×年 12 月　　　　金额单位：元

<table>
<tr><th colspan="2">项　目</th><th>上年实际</th><th>本年计划</th><th>本月实际</th><th>本年累计实际</th></tr>
<tr><td rowspan="3">生产成本</td><td>直接材料</td><td>423 760</td><td>411 310</td><td>41 440</td><td>421 270</td></tr>
<tr><td>直接人工</td><td>323 088</td><td>288 070</td><td>26 980</td><td>294 608</td></tr>
<tr><td>制造费用</td><td>174 550</td><td>193 840</td><td>16 070</td><td>182 410</td></tr>
<tr><td colspan="2">生产成本合计</td><td>921 398</td><td>893 220</td><td>84 490</td><td>898 288</td></tr>
<tr><td colspan="2">加：在产品、自制半成品期初余额</td><td>46 360</td><td>47 920</td><td>4 510</td><td>38 498</td></tr>
<tr><td colspan="2">减：在产品、自制半成品期末余额</td><td>38 498</td><td>39 860</td><td>6 330</td><td>50 230</td></tr>
<tr><td colspan="2">产品生产成本合计</td><td>929 260</td><td>901 280</td><td>82 670</td><td>886 556</td></tr>
</table>

要求：按构成比率法进行成本分析。

实训成果

（四）按产品种类反映的产品生产成本表的分析

资料：根据表11-6和表11-7中的资料，按产品种类反映的产品生产成本表的分析。

要求：

（1）进行本期实际成本与上年实际成本的对比分析，填制表11-6。

（2）进行可比产品成本降低计划的分析，填制表11-7。

表11-6　可比产品成本实际升降情况分析表

金额单位：元

可比产品	总成本		实际降低指标	
	按上年实际评价单位成本计算	本年实际	降低额	降低率/%
甲	140 000	137 500		
乙	228 000	223 500		
合　计	368 000	361 000		

表11-7　可比产品成本降低计划分析表

金额单位：元

可比产品	全年计划产量/件	单位成本		总　成　本		计划降低指标	
		上年实际平均	本年计划	按上年实际平均单位成本计算	按本年计划单位成本计算	降低额	降低率/%
甲	480	280	270				
乙	320	760	750				
合计	—	—	—				

（五）产品单位成本的因素分析

1. 直接材料成本的分析

资料：某企业生产的甲产品直接材料费用，如表11-8所示。

要求：采用连环替代法计算由于产品产量、单位产品材料消耗量和材料单价引起甲产品直接材料费用变动的三个因素分析。

表 11-8 甲产品直接材料费用

项　目	产品产量/件	单位产品消耗量/千克	材料单价/元	材料费用/元
计划	1 000	50	20	1 000 000
实际	1 200	48	22	1 267 200
差异	+200	−2	+2	+267 200

实训成果

2. 直接人工成本的成本分析

资料：某企业实行计时工资制度，201×年 12 月生产 A 产品，A 产品每件所耗工时数和每小时工资成本的计划数与实际数，如表 11-9 所示。

表 11-9 A 产品直接人工与实际成本对比表

201×年 12 月　　金额单位：元

项　目	单位产品所耗工时	每小时工资成本	直接人工成本
本年计划	13	90	1 170
本年实际	10.8	110	1 188
直接人工成本差异	−2.2	+20	+18

要求：采用差额计算分析法计算各因素的影响程度。

实训成果

3. 制造费用分析

资料：某企业 201×年 12 月生产甲产品实际产量为 800 件，实际工时 800 小时，实际发生变动制造费用 1 600 元；每件产品计划工时为 1.2 小时，变动制造费用计划分配率为 1.8 元/小时。当月实际发生固定制造费用 1 400 元，生产能力为 1 000 件，即 1 000 小时，固定制造费用计划分配率为 1.5 元/小时。

要求：

(1) 进行变动制造费用的差异分析。

(2) 进行固定制造费用的两因素分析。

(3) 进行固定制造费用的三因素分析。

实训成果

(1) 变动制造费用差异分析。

(2) 固定制造费用两因素分析。

(3) 固定制造费用三因素分析。

实训成绩：　　　　　　　　　　　　　　　　　　　　　　　　　年　月　日

附录　综合能力测试

试 卷 A

一、单项选择题(共 20 题,每题 1 分,共 20 分。每题的备选答案中,只有一个最符合题意。)

1. 下列费用项目中,应计入产品成本的是(　　)。

A. 财务费用　　B. 销售费用　　C. 生产费用　　D. 管理费用

2. 在成本会计的各种职能中,(　　)是首要职能。

A. 成本考核　　B. 监督职能　　C. 成本控制　　D. 反映职能

3. 下列各项费用中,属于产品成本项目的是(　　)。

A. 外购燃料　　B. 外购动力　　C. 制造费用　　D. 折旧费用

4. 某产品 4 月在生产过程中发现的不可修复废品的生产成本为 800 元,入库后发现不可修复废品的生产成本为 500 元(该废品是由于生产原因造成的),可修复废品的修复费用为 300 元,回收废品残料的价值为 100 元。据此计算该产品 4 月废品损失是(　　)元。

A. 1 000　　B. 1 500　　C. 1 400　　D. 1 100

5. 在辅助生产费用的各种分配方法中,分配结果最正确的是(　　)。

A. 直接分配法　　B. 交互分配法

C. 计划成本分配法　　D. 代数分配法

6. 某车间采用年度计划分配率分配制造费用。该车间制造费用计划为 3 780 元。全年各种产品的计划产量为:甲产品 200 件,乙产品 400 件。单件产品的工时定额为:甲产品 5 小时,乙产品 2 小时。据此计算的车间制造费用年度计划分配率是(　　)。

A. 540　　B. 6.3　　C. 2.1　　D. 0.9

7. 下列各项中,不应计入废品损失的是(　　)。

A. 不可修复废品的生产成本

B. 可修复废品的生产成本

C. 用于修复废品的人工费用

D. 直接用于生产过程中的材料费用

8. 下列属于直接人工费用的分配方法有(　　)。

A. 材料定额耗用量比例法　　B. 产品定量比例法

C. 生产工时比例法　　D. 定额成本计价法

9. 甲产品月末在产品只计算原材料费用。该产品月初在产品原材料费用为 3 600 元,本月发生的原材料费用 2 100 元。原材料在生产开始时一次投入。本月完工产品 200 件,在产品 100 件,则本月末在产品成本是(　　)元。

A. 5 700　　B. 3 800　　C. 2 100　　D. 1 900

10. 采用辅助生产费用分配的交互分配法,对外分配的费用总额是(　　)。

A. 交互分配前的费用

B. 交互分配前的费用加交互分配转入的费用

C. 交互分配前的费用减去交互分配转出的费用

D. 交互分配前的费用加交互分配转入的费用,减去交互分配转出的费用

11. 区分各种产品成本计算基本方法的标志是(　　)。

A. 产品成本计算期

B. 产品成本计算对象

C. 工资费用的分配方法

D. 制造费用的分配方法

12. 下列各种成本计算方法中,不属于成本计算基本方法的是(　　)。

A. 品种法　　B. 分批法　　C. 分步法　　D. 定额法

13. 成本计算期与其生产周期一致的成本计算方法是(　　)。

A. 品种法　　B. 分批法　　C. 分步法　　D. 分类法

14. 选择产品成本计算的基本方法时应考虑的因素是(　　)。

A. 产品消耗定额是否准确、稳定

B. 产品种类是否繁多

C. 能否简化加速成本计算工作

D. 生产特点和成本管理要求

15. 品种法是产品成本计算的(　　)。

A. 主要方法　　B. 重要方法　　C. 最基本方法　　D. 最一般方法

16. 若企业只生产一种产品,则发生的费用(　　)。

A. 全部是直接计入费用

B. 全部是间接计入费用

C. 部分是直接费用,部分是间接费用

D. 需要分配

17. 下列方法中属于不计算半成品成本的分步法是(　　)。

A. 逐步结转分步法　　B. 综合结转法

C. 分项结转法　　D. 平行结转分步法

18. 成本还原的对象是(　　)。

A. 产成品

B. 各步骤所耗上一步骤半成品的综合成本

C. 最后步骤的产成品成本

D. 各步骤半成品成本

19. 采用简化的分批法,在产品完工之前,产品成本明细账(　　)。

A. 不登记任何费用

B. 只登记直接计入费用(如原材料费用)和生产工时

C. 只登记原材料费用

D. 登记间接计入费用,不登记直接计入费用

20. 采用连环替代分析法时,各因素的顺序(　　)。

A. 可以任意排列

B. 应按一定原则排列:先质量后数量

C. 应按一定原则排列:先主要后次要

D. 应按一定原则排列:先数量后质量;相同性质的因素中,先主要后次要

二、多项选择题(共5题,每题2分,共10分。每题的备选答案中,有两个或两个以上符合题意,错选或多选均不得分。)

1. 成本会计的内容包括(　　)。

A. 成本预测、成本决策

B. 成本计划、成本控制

C. 成本核算、成本分析

D. 成本考核、成本检查

2. 下列损失中,不作为废品损失处理的项目有(　　)。

A. 发生的不可修复废品的损失

B. 降价出售不合格品的降价损失

C. 产品入库后因管理不善而损坏变质的损失

D. 实行"三包"的企业,产品出售以后发现的废品所发生的一切损失

3. 下列属于辅助生产费用分配方法的有(　　)。

A. 交互分配法　　　　B. 代数分配法

C. 定额比例法　　　　D. 计划成本分配法

4. 平行结转分步法的特点是(　　)。

A. 各生产步骤不计算半成品成本,只计算本步骤所发生的生产费用

B. 各步骤间不结转半成品成本

C. 各步骤计算本步骤所发生的生产费用中应计入产成品成本的份额

D. 将各步骤应计入产成品成本的份额平行结转,汇总计算产成品的总成本和单位成本

5. 采用约当产量法,必须正确计算在产品的约当产量,而在产品约当产量计算正确与否取决于产品完工程度的测定。测定在产品完工程度的方法有(　　)。

A. 按原材料消耗定额计算　　　　B. 分工序分别计算完工率

C. 按定额比例法计算　　　　D. 按50%平均计算各工序完工率

三、判断题(共10题,每题1分,共10分。正确的填√,错误的填×。)

1. 企业某一时期实际发生的产品生产费用总和等于该期产品成本总和。(　　)

2. 在进行成本核算时,不论在什么情况下,都必须进行完工产品与在产品之间的费用划分工作。(　　)

3. 采用逐步结转分步法,半成品成本的结转与半成品实物的转移是一致的。(　　)

4. 采用品种法,生产成本明细账应当按照生产步骤分别开设。(　　)

5. 成本还原要从最后一个步骤开始进行还原。(　　)

6. 实行产品三包的企业,在产品售出后发现的废品,其损失不计入废品损失。(　　)

7. 一个企业或车间不能同时应用几种成本计算方法。（　　）

8. 编制成本报表的作用主要是对外提供会计信息。（　　）

9. 可比产品是指以前年度或上一年度正式生产过的、具有上年成本资料的产品。（　　）

10. 可以在“生产成本”总账科目下分设“基本生产成本”和“辅助生产成本”两个二级科目，也可以将这两个二级科目改为两个总账科目。（　　）

四、计算题（共 5 题，共 60 分。分配率保留到小数点后第四位，成本保留到小数点后第二位。）

1. 资料：某企业生产 101＃、102＃两种产品，共发生工资费用 86 000 元，其中生产工人工资 63 000 元，车间管理人员工资 7 500 元，行政管理人员工资 10 000 元，辅助生产车间工人工资 5 500 元。生产 101＃、102＃两种产品的生产工时分别为 1 500 小时和 2 500 小时。

要求：

(1) 按照生产工时比例法分配生产工人工资费用。

(2) 作工资分配的会计分录。（本题 13 分）

2. 资料：某企业 201×年 2 月生产甲产品 10 件，经过三个步骤，第一步骤生产出 A 半成品；第二步骤对半成品 A 继续加工，生产出 B 半成品；第三步骤对 B 半成品加工制成甲产品。半成品和产成品成本资料如下表所示。

半成品和产成品成本资料表

金额单位：元

成　本	半成品	直接材料	直接人工	制造费用	成本合计
第一步骤 A 半产成品成本		1 360	960	720	3 040
第二步骤 B 半产成品成本	2 400		700	500	3 600
甲产成品成本	3 420		540	360	4 320

要求：按成本还原分配率法进行成本还原，编制“产成品成本还原计算表（成本还原分配率法）”。（本题 18 分）

3. 某企业生产 A 产品，本月完工 400 件，月末在产品 100 件，在产品的完工程度为 50％；本月 A 产品生产成本明细账中所列月初在产品成本和本月生产费用共计 59 000 元，其中直接材料费用 32 000 元，直接人工 16 200 元，制造费用 10 800 元。原材料系生产开始时一次投入。按约当产量法分配 A 产品完工产品和在产品成本。（本题 13 分）

4. 某企业本年度甲产品直接材料费用如下表所示。

甲产品直接材料费用表

项　目	产品产量/件	单位产品消耗量/千克	材料单价/元	材料费用/元
计划	1 000	50	20	1 000 000
实际	1 200	48	22	1 267 200
差异	＋200	－2	＋2	＋267 200

要求：用因素分析法分析产生原材料差异的原因。（本题 8 分）

5. 利华公司 201×年 5 月对基本生产车间的月末在产品进行盘点清查时，发现甲产品在产品盘盈 10 件，单位定额成本 8 元；乙产品在产品盘亏 4 件，单位定额成本 30 元，报批后，短缺的乙产品由责任人赔偿 40 元。编制在产品盘点溢缺及报批后的会计分录。（本题 8 分）

试卷B

一、单项选择题(共 20 题,每题 1 分,共 20 分。每题的备选答案中,只有一个最符合题意。)

1. 下列说法正确的是(　　)。

A. 企业在生产经营和管理过程中发生的一切费用都能转化为成本

B. 企业在生产经营和管理过程中发生的一切支出都能转化为成本

C. 企业在生产经营和管理过程中发生的一切支出都能转化为费用

D. 支出、费用、成本这三个概论关系极为密切,它们之间既有联系,又有区别

2. 下列各项费用中,不计入产品成本的是(　　)。

A. 直接材料费用　　B. 直接人工费用　　C. 制造费用　　D. 管理费用

3. 按年度计划分配率分配制造费用的方法适用于(　　)。

A. 制造费用数额较大的企业　　B. 季节性生产的企业

C. 基本生产车间规模较小的企业　　D. 制造费用数额较小的企业

4. 机器工时比例法适用于(　　)。

A. 季节性生产的车间　　B. 机械化程度较高的产品

C. 机械化程度大致相同的各种产品　　D. 制造费用较多的车间

5. 某产品经过三道工序加工而成。每道工序的工时定额为 15 小时、25 小时、10 小时。第三道工序的累计工时定额为(　　)小时。

A. 50　　B. 45　　C. 10　　D. 40

6. 某产品 4 月份在生产过程中发现的不可修复废品的生产成本为 800 元,入库后发现不可修复废品的生产成本为 400 元(该废品是由生产原因造成的),可修复废品中的修复费用为 300 元,回收废品残料的价值为 100 元。则 4 月该产品废品净损失是(　　)元。

A. 1 000　　B. 1 100　　C. 1 400　　D. 1 500

7. 辅助生产费用直接分配法的特点是辅助生产费用(　　)。

A. 直接记入"生产成本——辅助生产成本"科目

B. 直接分配给所有受益的车间、部门

C. 直接分配给辅助生产车间以外的各受益单位

D. 直接计入辅助生产车间提供的劳务成本

8. 计入产品成本的各种工资,按其用途不可能借记(　　)。

A. 生产成本　　基本生产成本　　B. 制造费用

C. 生产成本　　辅助生产成本　　D. 管理费用

9. 以产品生产步骤为成本计算对象的产品成本计算方法是(　　)。

A. 品种法　　B. 分批法　　C. 分步法　　D. 分类法

10. 选择产品成本计算的基本方法时应考虑的因素是(　　)。

A. 产品消耗定额是否准确、稳定　　B. 产品种类是否繁多

C. 能否简化加速成本计算工作　　D. 生产特点和成本管理要求

11. 品种法的成本计算对象是(　　)。

A. 产品品种　　B. 产品类别　　C. 批别或订单　　D. 生产步骤

12. 下列企业中,最常采用品种法计算产品成本的是(　　)。

A. 纺织厂　　B. 发电厂　　C. 制衣厂　　D. 钢铁厂

13. 品种法适用于(　　)。

A. 大量生产

B. 成批生产

C. 单件小批生产

D. 大量大批单步骤生产或管理上不要求分步计算的多步骤生产

14. 下列方法中需要进行成本还原的是(　　)。

A. 逐步结转分步法　　B. 综合结转法

C. 分项结转法　　D. 平行结转分步法

15. 成本还原就是从最后一个步骤起,把各步骤所耗上一步骤半成品成本,按照(　　)逐步分解,还原算出按原始成本项目反映的产成品成本。

A. 本月所耗半成品成本的结构

B. 本月完工产品成本的结构

C. 上一步骤所产该种半成品成本的结构

D. 上一步骤月末在产品成本的结构

16. 成本还原应从(　　)生产步骤开始。

A. 第一个　　B. 最后一个　　C. 任意一个　　D. 中间一个

17. 产品成本计算的分批法,适用的生产组织是(　　)。

A. 大量大批单步骤生产　　B. 大量大批多步骤生产

C. 单件小批生产　　D. 大量小批生产

18. 采用连环替代分析法时,各因素的顺序(　　)。

A. 可以任意排列

B. 应按一定原则排列:先质量后数量

C. 应按一定原则排列:先主要后次要

D. 应按一定原则排列:先数量后质量;相同性质的因素中,先主要后次要

19. 已知某企业可比产品资料中,按上年平均单位成本计算的本年累计总成本是282 000元,本年实际累计总成本是267 900元,则可比产品成本降低率是(　　)。

A. 5%　　B. 5.26%　　C. −5%　　D. −5.26%

20. 产品成本计算的分类法适用于(　　)。

A. 品种、规格繁多的产品

B. 可按一定标准分类的产品

C. 大量大批生产的产品

D. 品种、规格繁多并可按一定标准分类的产品

二、多项选择题(共5题,每题2分,共10分。每题的备选答案中,有两个或两个以上符合题意,错选或多选均不得分。)

1. 发生下列各项费用时,可以直接借记"生产成本——基本生产成本"账户的有(　　)。

A. 车间照明电费

B. 构成产品实体的原材料费用

C. 车间管理人员工资

D. 车间生产工人工资

2. 制造费用分配的方法有(　　)。

A. 生产工时比例法

B. 生产工人工资比例法

C. 机器工时比例法

D. 年度计划分配率法

3. 成本计算期一般按月计算的基本成本计算方法是(　　)。

A. 品种法　　B. 分批法　　C. 分步法　　D. 定额法

4. 品种法的特点是(　　)。

A. 按产品的品种计算成本

B. 成本计算按月进行

C. 通常需要在完工产品和月末在产品间分配费用

D. 成本计算期与生产周期一致

5. 半成品的计算和结转,可以采用(　　)方式。

A. 综合结转　　B. 逐步结转　　C. 平行结转　　D. 分项结转

三、判断题(共 10 题,每题 1 分,共 10 分。正确的填√,错误的填×。)

1. 成本预测和成本计划是成本会计的基本内容。(　　)

2. 产品的销售费用计入产品成本。(　　)

3. 在产品盘盈时,应按盘盈在产品的成本借记"基本生产成本"科目,贷记"待处理财产损溢"科目。(　　)

4. 月末在产品数量较大,但各月末在产品数量变化不大的产品,其月末在产品可按固定成本计价。(　　)

5. 基本生产车间发生的费用均应直接借记"基本生产成本"科目。(　　)

6. 多步骤生产的企业,产品成本必须按照生产步骤来计算。(　　)

7. 品种法是不分批、不分步、只分产品品种计算产品成本的方法。(　　)

8. 成本计算方法中,品种法是最基本的方法。(　　)

9. 分步法都进行成本还原。(　　)

10. 采用逐步结转分步法,半成品成本的结转与半成品实物的转移是一致的。(　　)

四、计算题(共 5 题,共 60 分。分配率保留到小数点后第四位,成本保留到小数点后第二位。)

1. 某企业某产品本月完工 230 件,在产品 60 件,在产品的完工程度为 80%,月初在产品和本月的人工费用共 22 240 元。

要求:计算完工产品应分配的人工费用和在产品应分配的人工费用。(本题 8 分)

2. 某企业设置修理和运输两个辅助生产部门车间。修理车间发生费用 19 000 元,提供劳务 20 000 小时。其中,为运输部门提供的修理工时为 1 000 小时,为基本生产车间提供的修理工时为 16 000 小时,为行政管理部门提供的修理工时为 3 000 小时。运输部门本月发生费用 20 000 元，提供运输劳务 40 000 千米。其中，为修理车间提供运输劳务 1 500 千米，为基本生产车间提供运输劳务 30 000 千米，为行政管理部门提供运输劳务 8 500 千米。

要求：

(1) 根据以上资料，采用"交互分配法"计算分配修理、运输费用。

(2) 根据计算结果编制会计分录。(辅助车间不设"制造费用"科目，因小数点而产生的差异全部计入"管理费用")(本题 22 分)

3. 资料：某企业 201×年 9 月生产甲产品 500 件，经过两个步骤，第一步骤生产出 A 半成品，第二步骤对半成品 A 继续加工，生产出 B 产成品，半成品和产成品成本资料如下表所示。

半成品和产成品成本资料表

金额单位：元

成　本	半成品	直接材料	直接人工	制造费用	成本合计
第一步骤 A 半产成品成本		250 000	125 000	100 000	475 000
第二步骤 B 产成品成本	475 000		200 000	150 000	825 000

要求：按成本还原分配率法进行成本还原。(本题 10 分)

4. 某厂在生产甲主要产品的同时，附带生产出乙副产品。本月生产的 1 000 千克甲产品全部完工，没有月末在产品，甲产品成本计算单归集的生产费用合计为 78 000 元，其中直接材料 44 000 元，直接人工 18 000 元，制造费用 16 000 元。本月附带生产乙产品 90 千克，每千克售价 78 元，销售环节应交税金每千克 4 元，同类产品正常销售利润率为 10%。乙产品成本从直接材料成本项目中扣除。(本题 10 分)

要求：

(1) 根据上述资料，计算甲、乙产品成本。

(2) 编制完工产品入库会计分录。

5. 某企业生产甲、乙两种产品，生产组织属于小批生产，采用分批法计算成本。

本年 5 月生产的产品批号有：

2014 批甲产品 10 台，本月投产，本月完工 6 台。

2015 批乙产品 10 台，本月投产，本月全部完工。

5 月各批号生产费用资料如下表所示。

生产费用资料表

金额单位：元

批　号	原材料	直接人工	制造费用
2014	3 360	2 350	2 800
2015	4 600	3 050	1 980

2014 批甲产品，原材料生产开始时一次投入，在产品完工程度 50%。

要求：

(1) 根据上述资料，采用"分批法"登记产品生产成本明细账，按约当产量法计算各批产品的完工产品和月末在产品成本。

(2) 作结转完工产品成本时的会计分录。(本题 10 分)

试卷 C

一、单项选择题(共 20 题,每题 1 分,共 20 分。每题的备选答案中,只有一个最符合题意。)

1. 成本是产品价值中的(　　)部分。

A. $C+V+M$　　B. $C+V$　　C. $V+M$　　D. $C+M$

2. 生产车间的管理费用应纳入(　　)。

A. 管理费用　　B. 期间费用　　C. 制造费用　　D. 当期损益

3. 某企业 201×年 3 月发生的费用有:计提厂房折旧 50 万元,发生车间管理人员工资及福利费 55 万元,支付车间水电费 25 万元,支付车间固定资产修理费用 10 万元。则该企业当期计入制造费用的总额为(　　)万元。

A. 50　　B. 60　　C. 90　　D. 130

4. 某企业生产甲、乙、丙三种产品。10 月份三种产品的投入量分别为:500 件、500 件和 375 件,三种产品的消耗定额分别为:4 千克、6 千克和 8 千克,甲、乙、丙三种产品本月共耗原材料 10 000 千克,材料单位为每千克 5. 20 元,材料费用共计 52 000 元。按材料定额消耗量比例法计算三种产品应负担的材料费用分配率是(　　)。

A. 4　　B. 6. 5　　C. 8. 5　　D. 10

5. 在辅助生产费用分配方法中,分配结果最正确,但计算工作比较复杂,适用于已经实现会计电算化的企业的分配办法是(　　)。

A. 交互分配法　　B. 按计划成本分配法

C. 顺序分配法　　D. 代数分配法

6. 各月在产品数量变化较大,月末在产品数量较多,且产品成本中直接材料成本和直接人工等加工成本的比重相差不大的产品,在分配在产品成本时适合采用(　　)核算。

A. 在产品按所耗直接材料成本计价法　　B. 不计算在产品成本法

C. 固定成本法　　D. 约当产量比例法

7. 某生产车间生产甲和乙两种产品,该车间共发生制造费用 300 000 元,生产甲产品的工时为 4 000 小时,生产乙产品的工时为 6 000 小时。若按工时比例分配制造费用,乙产品应负担的制造费用为(　　)元。

A. 136 364　　B. 120 000　　C. 180 000　　D. 163 636

8. 某工业企业下设供水、供电两个辅助生产车间,采用交互分配法进行辅助生产费用的分配。201×年 4 月,供水车间交互分配前实际发生的生产费用为 90 000 元,分配后应负担供电车间的电费为 27 000 元;供水总量为 500 000 吨(其中:供电车间耗用 50 000 吨,基本生产车间耗用 350 000 吨,行政管理部门耗用 100 000 吨)。供水车间 201×年 4 月对辅助生产车间以外的受益单位分配水费的总成本为(　　)元。

A. 81 000　　B. 108 000　　C. 105 300　　D. 117 000

9. 定额比例法下,直接材料成本分配率应为(　　)。

A. $\dfrac{\text{月初在产品实际材料成本}+\text{本月投入的实际材料成本}}{\text{完工产品定额材料成本}+\text{月末在产品定额材料成本}}$

B. $\dfrac{\text{月初在产品实际材料成本}+\text{本月投入的实际材料成本}}{\text{完工产品实际材料成本}+\text{月末在产品实际材料成本}}$

C. $\dfrac{\text{本月投入的实际材料成本}}{\text{完工产品定额材料成本}+\text{月末在产品定额材料成本}}$

D. $\dfrac{\text{本月投入的实际材料成本}}{\text{完工产品实际材料成本}+\text{月末在产品实际材料成本}}$

10. 月初在产品成本、本月发生的生产费用、本月完工产品成本和月末在产品成本四者之间的关系式中,表达不正确的是(　　)。

A. 月初在产品成本=本月完工产品成本+月末在产品成本-本月发生的生产费用

B. 本月发生的生产费用=月初在产品成本+本月完工产品成本-月末在产品成本

C. 月末在产品成本=月初在产品成本+本月发生的生产费用-本月完工产品成本

D. 本月完工产品成本=月初在产品成本+本月发生的生产费用-月末在产品成本

11. 下列损失中,作为废品损失处理的项目有(　　)。

A. 发生的不可修复废品的损失

B. 降价出售不合格品的降价损失

C. 产品入库后因管理不善而损坏变质的损失

D. 实行“三包”的企业,产品出售以后发现的废品所发生的一切损失

12. 采用辅助生产费用分配的交互分配法,对外分配的费用总额是(　　)。

A. 交互分配前的费用

B. 交互分配前的费用加交互分配转入的费用

C. 交互分配前的费用减去交互分配转出的费用

D. 交互分配前的费用加交互分配转入的费用,减去交互分配转出的费用

13. 成本还原应从(　　)生产步骤开始。

A. 第一个　　B. 最后一个　　C. 任意一个　　D. 中间一个

14. 下列各项中,不应当计入制造费用的是(　　)。

A. 生产车间厂房折旧费

B. 生产车间水电费

C. 生产车间财产保险费

D. 生产车间生产产品耗用直接材料

15. 辅助生产费用中顺序分配法的分配顺序是(　　)。

A. 费用多的排列在前,费用少的排列在后

B. 费用少的排列在前,费用多的排列在后

C. 受益少的排列在前,受益多的排列在后

D. 受益多的排列在前,受益少的排列在后

16. 计划成本法下,在分配辅助生产费用时,分配转出数与辅助生产的实际成本的差额,应当记入(　　)科目。

A.“制造费用”　　B.“生产成本”　　C.“管理费用”　　D.“财务费用”

17. 某公司生产甲产品和乙产品,甲产品和乙产品为联产品。6月份发生加工成本1 200万元。甲产品和乙产品在分离点上的销售价格总额为750万元,其中甲产品的销售价格总额为450万元,乙产品的销售价格总额为300万元。采用售价法分配联合成本,甲产品

应分配的联合成本为(　　)万元。

A. 750　　B. 450　　C. 480　　D. 720

18. 化肥、食糖和面粉的生产,其成本计算一般应采用(　　)。

A. 品种法　　B. 分批法　　C. 分步法　　D. 分类法

19. 某企业生产甲产品,属于可比产品,上年实际平均单位成本为75元,上年实际产量为2 200件,本年实际产量为2 100件,本年实际平均单位成本为73.5元,则本年甲产品可比产品成本降低额为(　　)元。

A. 1 000　　B. 2 000　　C. 3 150　　D. 6 000

20. 成本计算的辅助方法有(　　)。

A. 品种法　　B. 分批法　　C. 分步法　　D. 定额法

二、多项选择题(共5题,每题2分,共10分。每题的备选答案中,有两个或两个以上符合题意,错选或多选均不得分。)

1. 下列各项中属于成本会计职能的有(　　)。

A. 成本计划　　B. 成本核算　　C. 成本控制　　D. 成本分析

2. 下列各项中,属于生产费用在完工产品与在产品之间分配的方法有(　　)。

A. 约当产量比例法　　B. 交互分配法

C. 不计算在产品成本法　　D. 定额比例法

3. 品种法适用于(　　)的企业。

A. 大量生产

B. 大批生产

C. 单步骤生产

D. 多步骤生产管理上不要求分步计算

4. 采用系数法,应在同类产品中选择一种产品作为标准产品,该标准产品的确定应具备的条件有(　　)。

A. 生产比较稳定　　B. 产量较大

C. 规格折中　　D. 成本较高

5. 在对比分析法下,其实际数可与(　　)进行对比分析。

A. 本企业历史先进水平　　B. 计划数

C. 前期实际数　　D. 以往年度同期实际数

三、判断题(共10题,每题1分,共10分。正确的填√,错误的填×。)

1. 直接材料、直接人工、燃料和动力、制造费用是现行制度明确规定的四个成本项目,企业不能增加或减少。(　　)

2. 当期生产费用均应计入当期完工产品的成本。(　　)

3. 一般情况下,辅助生产车间的制造费用,与基本生产车间的制造费用一样,先通过“制造费用”科目归集,然后再转入“辅助生产成本”科目;为简化核算,也可以不通过“制造费用”科目,直接记入“辅助生产成本”科目。(　　)

4. 每月发生的成本全部由完工产品负担的成本分配方法,适用于企业各月末在产品数量固定的产品。(　　)

5. 在约当产量比例法中,在产品的原材料费用不需要计算在产品的约当产量。(　　)

6. 企业完工产品经产成品仓库验收入库后，其成本应从“生产成本——基本生产成本”科目及所属产品成本明细账的贷方转出，转入“库存商品”科目的借方。（　　）

7. 可以在“生产成本”总账科目下分设“基本生产成本”和“辅助生产成本”两个二级科目，也可以将这两个二级科目改为两个总账科目。（　　）

8. 不需要返修、可降价出售的不合格品；入库后保管不善而损坏的产品；实行“三包”企业在产品出售后发现的废品均应包括在废品损失内。（　　）

9. 品种法是一种最基本的成本计算方法。（　　）

10. 不满一个工作日的停工损失，也应计入停工损失中。（　　）

四、计算题（共 5 题，共 60 分。分配率保留到小数点后第四位，成本保留到小数点后第二位。）

1. 资料：某企业生产甲、乙两种产品，共同领用 A、B 两种主要材料，共计 37 620 元。本月投产甲产品 150 件，乙产品 120 件。甲产品材料消耗定额：A 材料 6 千克，B 材料 8 千克；乙产品材料消耗定额：A 材料 9 千克，B 材料 5 千克。A 材料单价 10 元，B 材料单价 8 元。

要求：以产品所耗费的材料定额成本为分配标准，计算甲和乙产品应分配的材料费用，并编制领用材料的会计分录。（本题 10 分）

2. 资料：某企业 201×年 9 月生产甲产品连续经过两个生产车间，第一车间生产的半成品直接转给第二车间继续加工成产成品。原材料在生产开始时一次投入，各车间在产品完工程度均为 50%，各项生产费用按约当产量法在完工产品和月末在产品间分配。产量和费用资料如下表所示。

产品产量和费用资料表

金额单位：元

项　目	第一车间				第二车间			
	产量/件	直接材料	直接人工	制造费用	产量/件	直接材料	直接人工	制造费用
月初在产品	160	1 280	600	640	240	2 594	848	1 272
本月生产	1 240	10 200	4 392	4 800	1 160		5 200	7 800
本月完工	1 160				1 120			
月末在产品	240				280			

要求：按逐步综合结转分步法计算完工产品与月末在产品成本，分别登记第一车间、第二车间“基本生产成本明细账”。（本题 12 分）

3. 资料：某企业 201×年 9 月经过两个步骤生产甲产品，第一步骤生产出的半成品直接转入第二步骤继续加工，最终生产出完工甲产成品 1 120 件，半成品和产成品成本资料如下表所示。

半成品和产成品成本资料表

金额单位：元

成　　本	半成品	直接材料	直接人工	制造费用	成本合计
第一步骤半成品成本		9 512	4 524	4 930	18 966
甲产成品成本	17 248		5 376	8 064	30 688

要求：按成本还原分配率法进行成本还原。（本题 10 分）

4. 资料：某企业在生产甲主产品的同时，附带生产出乙副产品。本期共发生费用

250 000元，其中直接材料 150 000 元，直接人工 62 400 元，制造费用 37 600 元，甲产品产量 16 000 千克。乙产品在分离后进一步加工成丙产品才能对外销售。进一步加工过程中，耗用原材料 413 元，直接人工 225 元，制造费用 162 元，进一步加工后生产出丙产品 900 千克，每千克售价 18 元，单位税金 2 元，单位销售费用和利润合计 4 元。

要求：根据上述资料，计算甲、乙、丙产品成本，并编制产品成本计算单及产品入库分录。（本题 12 分）

5. 某企业有蒸汽和机修两个辅助生产车间，其待分配费用分别为 32 000 元和 44 800 元，辅助生产车间制造费用不设置“制造费用”科目。其劳务提供情况如下表所示。

劳务提供情况表

车间名称	提供劳务总量	受益单位及数量						
		蒸汽车间	机修车间	A 产品	B 产品	一车间	二车间	管理部门
蒸汽车间（单位：立方米）	100 000	—	20 000	17 000	33 600	9 400	15 000	5 000
机修车间（单位：工时）	20 000	4 000	—	—	—	7 500	7 000	1 500

要求：

（1）用“直接分配法”对辅助生产费用进行分配。

（2）编制分配分录。（本题 16 分）

参 考 文 献

[1] 企业会计准则编审委员会．企业会计准则案例讲解 2012 年版[M]．上海：立信会计出版社，2012.
[2] 中华人民共和国财政部．企业财务通则．2006.
[3] 中国注册会计师协会．财务成本管理[M]．北京：中国财政经济出版社，2012.
[4] 财政部会计资格评价中心．初级会计实务[M]．北京：中国财政经济出版社，2013.
[5] 李传双．成本会计实务[M]．北京：中国人民大学出版社，2012.
[6] 崔红敏，徐洪梅．成本会计实务[M]．北京：北京理工大学出版社，2010.
[7] 胡北忠，周晋兰．成本会计学课程实验[M]．大连：东北财经大学出版社，2011.
[8] 周玉鸿，冯志平．成本会计理实一体化教程[M]．北京：化学工业出版社，2010.
[9] 李敏．成本会计学[M]．上海：上海财经大学出版社，2011.